KB024253

세계사 뛰어넘기

인류의 탄생부터 십자군 전쟁까지

열다 지식을 열면, 지혜가 열립니다. 나만의 책을, 열다.

세계사 뛰어넘기 1

인류의 탄생부터 십자군 전쟁까지

초판 1쇄 발행 2017년 11월 15일
초판 3쇄 발행 2022년 6월 3일

글 강희숙·공수진·박미선·이동규·정기문 | 그림 김창희

ISBN 979-11-88283-20-0 04900
979-11-88283-19-4(세트)

이 도서의 국립중앙도서관 출판예정도서목록(CIP)은 서지정보유통지원시스템 홈페이지(http://seoji.nl.go.kr)와 국가자료공동목록시스템(http://www.nl.go.kr/kolisnet)에서 이용하실 수 있습니다. (CIP제어번호 : CIP2017026790)
* 책값은 뒤표지에 있습니다.
* 잘못 만들어진 책은 구입하신 곳에서 바꾸어 드립니다.

발행처 주식회사 스푼북 | 발행인 박상희 | 출판신고 2016년 11월 15일 제2017-000267호
제조국 대한민국 | 주소 (03993) 서울시 마포구 월드컵북로 6길 88-7 ky21빌딩 2층
전화 02-6357-0050(편집) 02-6357-0051(마케팅)
팩스 02-6357-0052 | 전자우편 book@spoonbook.co.kr
*10세 이상 어린이 제품

제품명 세계사 뛰어넘기 1 | **제조자명** 주식회사 스푼북 | **제조국명** 대한민국
전화번호 02-6357-0050 | **주소** 서울시 마포구 월드컵북로 6길 88-7 ky21빌딩 2층
제조년월 2022년 6월 3일 | **사용연령** 10세 이상
※ KC마크는 이 제품이 공통안전기준에 적합하였음을 의미합니다.

⚠주 의
아이들이 모서리에 다치지 않게 주의하세요.

세계사 뛰어넘기

인류의 탄생부터 십자군 전쟁까지

열다

생각이 쑥쑥 자라는 역사 읽기

어릴 적 읽은 책 한 권이 사람의 운명을 움직인다고 해. 그런데 책이 사람에게 영향을 주어 운명을 움직이게 하는 까닭은 무엇일까? 그건 책 읽기가 '생각하는 힘'을 키워 주기 때문이야. 어떤 사람은 스스로 생각하는 힘이 부족해, 다른 사람이 만들어 놓은 틀을 따라가는 삶을 살아. 하지만 생각하는 힘을 키운 사람은 자기 삶과 사회, 나아가 세계를 자신의 생각에 비춰 보며 스스로 삶을 일궈 나가지. 그런 창조적인 태도가 성공하는 인생을 만들고, 세계의 역사를 발전시켰단다.

엄청난 지식이 쌓이고, 끊임없이 새로운 것이 만들어지는 21세기. 지금은 예전 어느 때보다 창의적인 인재가 필요한 시기야. 스스로 생각하고 창의력을 발휘하는 사람이 21세기를 이끌어 갈 거고. 얼마 전에 죽은 애플의 창업자 스티브 잡스가 바로 그런 인물이었어. 그는 다른 사람이 생각을 멈춘 곳에서 한 번 더 생각했고, 다른 사람이 머문 곳에서 한 걸음 더 나가고자 했거든.

역사는 사람을 이해하고 삶을 유익하게 만드는 학문이야. 우리는 역사를 읽으며 많은 간접 경험을 하고, 상상의 나래를 펼 수 있으며, 다른 나라에 대한 오해와 편견에서도 벗어날 수 있어. 또 역사에서 만나는 영웅과 위인의 지혜를 배우고, 옳고 그름을 판단할 수 있는 눈을 기를 수 있지.

『세계사 뛰어넘기』의 첫 번째 책인 이 책에서는 지구에 처음 생명체가 등장하고, 아주 오랜 시간 뒤에 등장한 인류가 진화를 거듭하여 마침내 문명을 이루고, 나아가 커다란 문명권을 이루는, 아주 긴 시간을 다루고 있어. 그래서 매우 많은 인물과 사건이 나오지.

그렇게 많은 인물과 사건들을 어떻게 외우냐고 불평하는 친구가 있을지도 모르겠다. 걱정하지 마. 인물이나 사건을 외우는 것은 진정한 역사 공부가 아니란다. 그보다는 이야기 속에 담겨 있는 질문을 찾아보렴. 이를테면 이런 질문들 말이야.

인류는 어떻게 동물과 다른 특징을 가지게 되었을까, 농사는 어떻게 시작되었을까, 가축은 언제부터 길렀을까, 문자나 도시는 어떻게 생겨났을까, 4대 문명은 어떻게 발전했을까, 세계의 제국들은 넓은 땅을 다스리기 위해서 어떤 정책을 폈을까, 유럽과 아시아, 아프리카, 아메리카는 어떻게 다를까, 동양과 서양은 어떻게 교류했을까, 크리스트교와 이슬람교는 어떻게 다를까 같은 질문들이 나올 수 있을 것 같아.

이런 질문을 하면서 책을 읽으면 생각이 쑥쑥 자라게 되지. 생각이 얼마나 자랐는지 알아 보는 것도 좋은 습관이야. 그러려면 읽은 내용을 정리해 보고, 또 자신이 던졌던 질문에 대한 답을 써 보는 것이 좋단다. 책을 한 번 읽고 답을 써 보고, 두 번 읽고 다시 답을 써 보고, 그렇게 여러 번을 읽고 답을 써 봐. 한 번 읽고 썼을 때와는 분명 다른 답을 쓸 수 있을 거야. 그렇게 하루하루 성장하는 자신의 모습을 보며, 책을 더욱 사랑하는 여러분이 되기를 바랄게.

2012년 늦가을
다섯 명의 글쓴이를 대표하여
정기문

1 문명의 여명

2 문명의 시작

3 문명 지역의 확대

4

네트워크의 발달

5

문명권의 형성

1 문명의 여명

46억 년 전 무렵
지구 탄생하다.

700만 년 전 무렵
오스트랄로피테쿠스
등장하다.

260만 년 전 무렵
손쓰는 사람 등장하다.

인류 조상의 탄생

지구 탄생과 생명체 진화
두 발로 서다
돌과 나무로 도구를 만들다
[역사 타임캡슐] 최초의 인류 루시

도구와 불의 사용

아프리카를 벗어나다
슬기 사람과 슬기슬기 사람이 나타나다
불과 언어를 사용하다
사냥과 채집 생활을 하다
[역사 타임캡슐] 라스코 동굴 벽화

마을과 농경의 시작

마을 생활을 하다
곡물 재배와 가축 사육이 널리 퍼지다
토기와 간석기를 사용하다
[역사 타임캡슐] 차탈 후유크

[세계사 사전] 선사 시대의 주인공들

200만 년 전 무렵
곧선 사람 등장하다.

70만 년 전 무렵
구석기 문화가 시작되다.

20만 년 전 무렵
슬기 사람 등장하다.

기원전 8000년 무렵
메소포타미아 지역과 양쯔 강 유역에서 신석기 문화가 시작되다.

충청북도 단양 금굴 유적. 구석기 시대 사람들이 살았던 동굴이다.

아주 오래전부터 사람들이 궁금해하고, 알고 싶어 하던 질문이 있지. 우리는 어디서 왔을까? 이 세상은 어떻게 시작된 걸까? 동물과 식물은 어떻게 생겨났을까? 이제부터 이 물음에 대한 답을 찾아 우리는 아주 먼 옛날로 시간 여행을 떠나게 될 거야. 얼마나 멀리 가냐고? 바로 46억 년 전이지!

인류 조상의 탄생

지구 탄생과 생명체 진화

우리는 지구라는 행성에 살고 있지. 지구가 속한 태양계는 8개의 행성과 많은 위성으로 이루어져 있는데, 지구는 태양에서 세 번째로 가까운 행성이야. 지금 지구에는 70억 명이 넘는 사람과 수백만 종의 생물이 살고 있어.

그런데 지구에 처음부터 이렇게 많은 생명체가 있었을까? 아니. 처음에는 생명체가 전혀 없었다고 해. 시간이 흐르면서 생명체가 하나씩 생겨난 거지. 그럼 지금부터 지구는 어떻게 생겨났고, 생명체들은 어떻게 탄생하고 어떻게 진화했는지, 또 인류의 조상은 언제부터 나타났는지 살펴보자꾸나.

태양계가 처음 생겼을 때는 기체와 먼지로 가득한 구름 덩어리였어. 그런데 46억 년 전 우주를 떠도는 먼지와 가스가 뭉쳐서 태양과 그 주위를 도는 8개의 행성이 생겼어. 지구도 이때 생겨났지. 지구가 처음 만들어졌을 때는 지독하게 뜨거웠고, 무거운 기체로 가득했어. 화산 활동도 활발해서 화산이 뿜어내는 물질들 때문에 지구 주위에 공기층이 만들어지고 수증기도 생겼지. 수증기는 비가 되어 지구로 내려왔고 이것이 바다를 만들었단다. 하지만 아직 생명체는 살 수 없었어.

지구에 처음으로 생명체가 나타난 것은 35억 년 전이야. 최초의 생명체는 바닷속

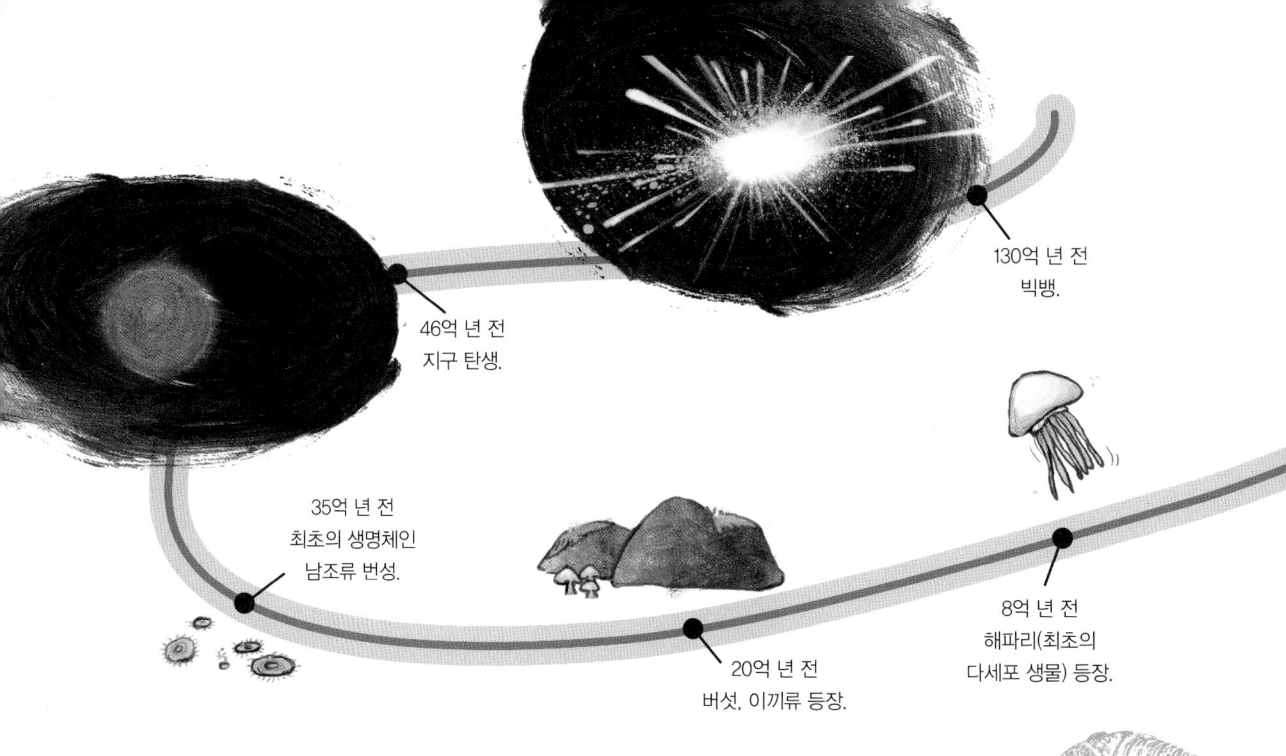

에서 나타났는데, 세포 하나로 이루어진 생물이었어. 생김새는 박테리아와 비슷했지. 그러다 20억 년 전에 버섯과 이끼류가 등장했고, 이들 중 일부가 광합성을 해 산소를 만들어 낼 수 있게 되었어. 그래서 지구에 산소가 많아졌단다.

해파리 같은 무척추동물이 등장한 건 8억 년 전이야. 5억 년 전에는 물고기가 나타났는데, 이 물고기가 최초의 척추동물이지. 이 물고기는 지느러미도 없고 턱도 없고, 눈이 4개나 달린 놈도 있었어. 지금 물고기와는 생김새가 많이 달랐겠지? 그리고 땅 위에도 식물이 자라게 되었단다. 그전에는 모든 생명체가 바닷속에서만 살았거든.

1억 년이 흐른 뒤, 새로운 형태의 물고기가 나타나는데, 지금 우리가 알고 있는 물고기와 생김새가 비슷했어. 지느러미도 있고 뼈대도 있었지. 3억 6,000년 전에는 양서류가 등장하는데, 이들은 공룡과 새의 조상이 되었어. 2억 4,000년 전은 파충류의 전성기였어. 그중에서도 공룡들이 지구 생태계 거의 대부분을 차지했지. 그러다가 6,500만 년 전, 공룡을 포함해 많은 동물이 한꺼번에 지구에서 사라졌단다.

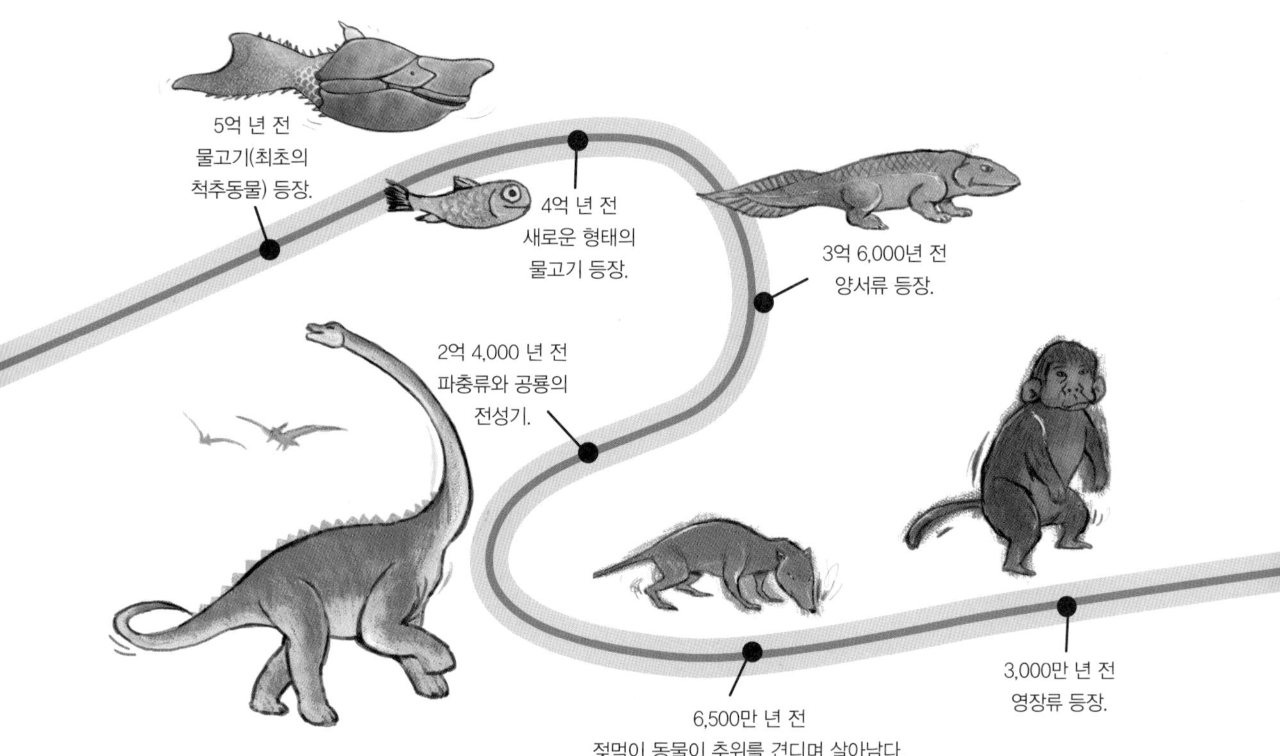

왜 이런 큰 재앙이 일어났을까? 그건 우주에서 날아온 거대한 운석이 지구와 부딪히면서 큰 피해를 입혔기 때문이야. 그때는 화산이 아주 활발하게 활동할 때라 화산 입구에서 뿜어내는 먼지와 기체들이 지구를 뒤덮었어. 그러니 지구에 들어오던 태양 에너지도 많이 줄어들게 되었지. 지구에 엄청난 기후 변화가 일어난 거야.

대재앙이 끝나자 체온을 일정하게 유지하면서 어미의 젖을 먹고 자라는 포유류가 다양하고 빠르게 진화하며 번성했어. 영장류의 조상에 해당하는 동물들도 이때부터 나타났지. 그렇게 해서 약 3,000만 년 전에, 사람의 아주 먼 조상에 해당하는 영장류가 나타났단다.

지구의 역사를 1년에 빗댄다면, 포유류는 12월 9일쯤 나타난 셈이야. 인류의 먼 조상이 나타난 건 12월 25일쯤이고, 지금과 같은 인류가 나타난 건 12월 31일 밤 12시쯤이지. 그러니까 지구 전체의 역사에서 보자면 사람은 아주 새로운 종류의 생명체라고 할 수 있어. 그럼 이 새로운 생명체가 어떻게 변해 왔는지 살펴볼까?

두 발로 서다

린네의 생물 분류 체계에서 보면, 사람은 영장류에 속해. 영장류에 속한 또 다른 동물로는 오랑우탄, 고릴라, 침팬지가 있어. 이 중 인류의 먼 조상에서 가장 먼저 갈라져 나간 동물이 오랑우탄이고, 그다음에 고릴라가 갈라져 나갔어. 침팬지는 가장 나중에 인류의 먼 조상과 나뉘게 되었지.

생물 분류 체계

스웨덴의 식물학자 린네는 생물의 학명을 붙이는 법을 만들어 동물과 식물을 짜임새 있게 분류했다.

린네가 생물을 분류하는 7개 계급의 순위는 계(界), 문(門), 강(綱), 목(目), 과(科), 속(屬), 종(種)이며, 뒤로 갈수록 더 좁은 범위이다. 사람은 동물계 척색동물문 포유강 영장목 사람과 사람속 사람종이다.

영장류는 모두 숲 속의 삶에 적응해 팔로 나무와 나무 사이를 옮겨 다녔어. 그래서 팔은 길고 다리는 짧았지. 인류의 먼 조상도 이들처럼 나무 위에서 살았단다.

그런데 700만 년 전 쯤에 아프리카의 동쪽 부분이 솟아오르면서, 서쪽에서 만들어진 비구름이 동쪽으로 건너올 수 없게 되었어. 아프리카 동쪽 지역은 몹시 건조해지기 시작했지. 차츰 숲이 사라지고 초원 지대가 많아졌어.

그러자 나무 위 생활에 익숙했던 영장류들은 당황했어. 그때까지 나무에 매달려서 이동하며 살았는데, 그런 나무들이 사라지고 먹을거리도 줄어들었거든. 이들은 바뀐 환경에 적응하면서 살아갈 방법을 찾아야 했지. 이때, 서툴지만 두 발로 서서 걷는 영장류가 나타나게 된 거야.

두 발로 걸으니까 네 발로 기어 다닐 때보다 더 멀리 볼 수 있게 되었어. 그 덕분에 적이 다가오는지 미리 보고 피할 수 있게 되었고, 먹을 것도 더 잘 찾을 수 있었지.

그런데 인류의 먼 조상만 두 발로 걸었을까? 침팬지가 두 발로 걷는 것을 본 적이 있다고? 하지만 침팬지와 사람은 겉보기엔 걷는 방법이 비슷해도 자세히 살펴보면 아주 많이 다르단다. 사람은 발바닥 전체를 이용해서 걷는데, 침팬지는 발바닥의 바깔쪽으로 걸어. 그래서 좀 뒤뚱뒤뚱하지.

그리고 침팬지는 가끔 두 발로 걷지만, 사람은 늘 두 발로 이동하는 유일한 존재란다. 인류의 두 발 걷기는 진화에서 아주 중요한 일을 했어. 먼저, 발만 이용해서 걸으니까 손이 자유로워졌지. 아이를 안을 수도 있고, 물건을 잡을 수도 있게 된 거야. 이런 변화가 연달아 일어나면서 두뇌가 점점 발달하게 되었단다.

그렇다면 인류의 먼 조상은 언제 어디에서 가장 먼저 나타났을까? 가장 오래된 인류의 조상은 700만 년 전에 아프리카에서 나타났어. 그래서 아프리카를 '인류의 요람'이라고 하지. 이들을 오스트랄로피테쿠스라고 하는데, '남쪽에서 찾은 원숭이와 비슷하게 생긴 사람'이라는 뜻이야.

오스트랄로피테쿠스는 대부분 남아프리카와 동아프리카에서 발견되었어. 최근에는 서아프리카 지역에서도 발견되고 있지. 모두 7종으로 분류되는데, 크게 두 가지로 나누면 뼈대가 가느다란 유형과 뼈대가 투박한 유형이 있어. 이들 중 몇 종은 비슷한 시기에 가까운 곳에 살던 이웃이기도 했지.

오스트랄로피테쿠스는 키가 1~1.3미터이고, 뇌의 용량은 400~600시시였어. 이

나무 위에서 살던 영장류가 땅에 내려와 살게 되면서 두 발로 걷기 시작했다.
두 발로 걷게 되자 손이 자유로워졌고, 자유로워진 손으로는 도구를 만들었다.

들은 식물의 잎이나 뿌리, 작은 동물까지 다양한 음식을 먹고 살았어. 오스트랄로피테쿠스 중에서 가장 유명한 것은 '루시'라고 알려진 화석이야.

루시는 1974년에 에티오피아의 하다르 지역에서 발견된 화석인데, 나이는 스무 살쯤으로 추정해. 키는 1미터에, 몸무게는 20킬로그램이 조금 넘었던 여성이지. 키는 작아도 신체 비율이 사람과 비슷하고 손의 생김새도 사람과 비슷했어.

오스트랄로피테쿠스는 250만 년 전에 사라졌고, 이들 중 오스트랄로피테쿠스 안남멘시스가 인류의 조상으로 이어졌다고 해.

돌과 나무로 도구를 만들다

260만 년 전 아프리카에 새로운 인류가 나타났어. 이들을 '손쓰는 사람호모 하빌리스'이라고 한단다. 도구를 만들어 사용했다는 뜻에서 붙인 이름이야. 손쓰는 사람은 가장 오래된 인류의 직접적인 조상이라고 볼 수 있어.

손쓰는 사람은 주로 동아프리카와 남아프리카에 살았어. 키는 1.25미터쯤 되었고, 뇌의 용량은 600~690시시였지. 먼저 살았던 남쪽원숭이 사람에 견주어 뇌가 조금 더 커졌다고 할 수 있어. 이 사람들은 160만 년 전까지 살다가 그 뒤에는 완전히 사라졌단다.

손쓰는 사람이 나타난 것에서 알 수 있듯이, 이제 인류는 도구를 만들어 사용할 수 있게 되었어. 물

호모 하빌리스를 왜 손쓰는 사람이라고 할까?

고인류 화석이 우리나라에 처음 소개될 때에는 외국에서 사용하는 이름을 그대로 썼다. 그래서 이해하기 어려웠고, 이해하기 쉽게 우리말로 풀어서 사용하게 되었다. 호모 하빌리스는 도구를 사용했기 때문에 손쓰는 사람으로, 호모 에렉투스는 곧바로 서서 걸었기 때문에 곧선 사람으로, 호모 사피엔스는 지혜로운 사람이었기 때문에 슬기 사람으로, 호모 사피엔스 사피엔스는 더 지혜로운 사람이었기 때문에 슬기슬기 사람으로 바꿔 말한다.

론 다른 동물도 도구를 쓸 줄 알아. 침팬지는 긴 막대기를 개미굴에 집어넣었다가 빼서 거기에 딸려 나오는 개미를 잡아먹을 줄 알지. 수달은 배 위에 조개를 올려놓고 돌로 쳐서 껍질을 깨고 조갯살을 먹을 줄 안단다.

하지만 동물들은 자연물을 도구로 사용할 뿐, 필요한 모양으로 만들어서 사용하지는 못해. 오직 인류만 자신이 필요한 용도에 맞게 깨고 다듬어서 도구를 만들지. 그래서 사람을 사람답게 만든 요소 중 첫째로 도구 만들기를 꼽는 과학자도 있단다.

가장 오래된 도구는 돌로 만든 것이었어. 돌을 떼어 내서 만들었다고 '뗀석기'라고 해. 무겁고 투박했지만 사람한테 큰 도움이 되었지. 석기를 만들 때는 주변에서 쉽게 구할 수 있는 돌을 이용했어. 지금까지 발견된 석기 중에서 가장 오래된 것은 250만 년 전에 만든 도구인데, 에티오피아의 카다고나 유적에서 발견되었어.

이처럼 돌을 떼어 내 도구를 만들어 사용하던 때를 '구석기 시대'라고 해. 구석기 시대는 1만 년 전까지 아주 오랫동안 지속되었어. 그동안 인류는 꾸준하게 석기 만드는 기술을 발전시켰고, 변화하는 환경에 적응하며 살아남았지.

인류는 돌뿐 아니라 나무를 도구로 이용하기도 했어. 처음에는 다른 동물처럼 원래 형태를 변형시키지 않고 그대로 사용했지. 그러다 차츰 기술이 발달하면서 나무를 다듬어서 날카로운 창을 만들기도 하고 무거운 곤봉을 만들기도 했어.

지금까지 발견된 나무 도구 중에서 가장 오래된 것은 창이야. 단단하기로 소문난 물푸레나무의 끝을 깎은 다음 불에 그슬어 더욱 단단하게 만든 것이란다. 지금부터 40만 년 전에 만든 것이 남아 있어.

자갈돌의 한쪽 면을 떼어 내 만든 인류 최초의 도구 찍개. 나무를 찍거나 동물의 뼈를 부수는 데 사용했다.

그렇다고 나무 도구를 돌로 만든 도구보다 훨씬 나중에 사용한 것은 아니란다. 나무는 쉽게 썩으니까 오랫동안 남아 있기가 어려웠던 것뿐이지. 그래서 찾아내기도 힘들었고.

손쓰는 사람이 처음으로 한 일이 또 있어. 최초로 시설물을 만든 거야. 이들은 돌을 모아다가 둥글게 쌓아서 바람을 막을 수 있는 보금자리를 만들었어. 케냐의 쿠비포라 유적에서 발견되었는데, 약 190만 년 전에 만들어졌대. 면적은 100제곱미터쯤 되는데, 그 안에서 석기와 동물 뼈가 함께 발견되었어.

이곳에서 발견된 동물 뼈들은 다른 육식 동물이 가져다 놓은 게 아니야. 뼈에는 사람들이 살을 발라 먹느라 잘라 낸 흔적과 골수를 빼려고 뼈를 부순 흔적이 여러 군데 남아 있었거든. 사람이 아닌 다른 동물은 남길 수 없는 흔적이지.

최초의 인류 루시

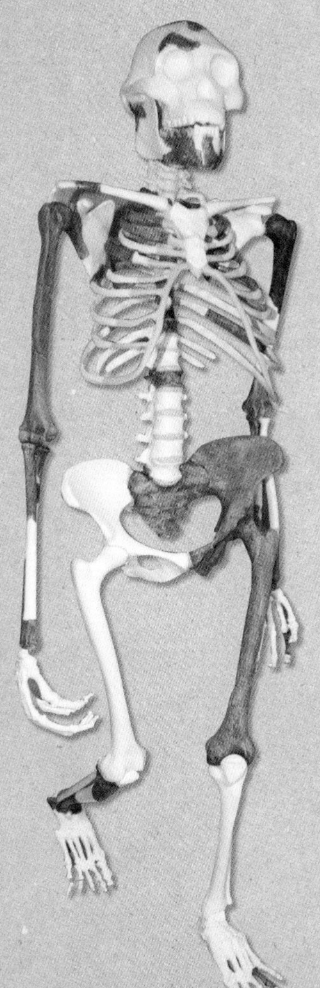

루시는 지금까지 발견된 고인류 화석 가운데 가장 오래된 화석이다. 1974년 에티오피아 하다르에서 인류학자 도널드 요한슨이 뼛조각 47개를 발견했다. 도널드 요한슨은 찾아낸 뼛조각으로 머리뼈와 갈비뼈, 골반뼈, 등뼈를 맞추고 이 뼈의 주인에게 루시라는 이름을 붙여 주었다. 마침 「다이아몬드와 함께 있는 하늘의 루시Lucy in the sky with Diamonds」라는 비틀즈의 노래가 흘러나왔기 때문이었다.

루시의 키는 120센티미터 정도이고, 뇌 용량은 침팬지와 비슷한 400~500시시 정도였다. 루시는 손을 땅에 짚지 않고 걸을 수 있었다.

슬기슬기 사람이 남긴 동굴 벽화. 슬기슬기 사람은 처음으로 예술 표현을 하기 시작했다.

시간이 흐르면서 인류는 아프리카를 벗어나 아시아와 유럽으로 사는 곳을 넓혀 갔어. 석기도 쓰임새에 따라서 다양해지고 만드는 방법도 새로워졌지. 그리고 마침내 불을 마음대로 다루게 되면서 인류의 역사는 새로운 획을 긋게 되었단다.

도구와 불의 사용

아프리카를 벗어나다

200만 년 전쯤 동아프리카에 새로운 인류가 나타났어. 이들을 '곧선 사람호모 에렉투스'이라고 하는데, 두 발로 곧게 서서 걸었다는 뜻이야.

곧선 사람은 키가 1.5~1.6미터, 뇌 용량은 800~1,000시시쯤이었어. 손쓰는 사람보다 키도 커지고 뇌도 훨씬 커진 것을 알 수 있지. 뇌가 커졌다는 건 더 영리해졌다는 얘기이기도 해. 얼굴 모양을 살펴볼까? 먼저, 곧선 사람은 이마가 좁고 낮았어. 그리고 눈 위에 두툼하게 눈두덩이 있었지. 입은 앞으로 툭 튀어나왔고, 치아의 생김새는 우리와 비슷했지만, 크기가 조금 더 컸어.

곧선 사람은 '위대한 탐험가'라고 말하기도 해. 왜냐하면 이 사람들이 처음으로 아프리카 대륙을 벗어나 다른 지역에서 살기 시작했거든. 우리가 앞에서 보았던 남쪽원숭이 사람과 손쓰는 사람은 아프리카 지역에서만 살았지만, 곧선 사람은 아프리카뿐 아니라 아시아와 유럽 지역에서도 살았단다.

그루지아 공화국에 있는 드마니시 유적에서도 곧선 사람의 뼈와 석기가 발견되었는데, 조사해 보니 170만 년 전의 것이었어. 이로써 곧선 사람이 아프리카 대륙을 빠져나온 시기를 알 수 있게 되었지.

위대한 탐험가 곧선 사람(왼쪽)은 처음으로 아프리카 대륙을 벗어나 다른 지역에 살기 시작했다. 인류가 베링 해협을 건너 아메리카 대륙으로 이동한 시기는 2만 년 전, 오세아니아 대륙으로 이동한 시기는 6만 년 전으로 보고 있다.

그러면 곧선 사람은 어떤 길을 따라 세계 곳곳으로 퍼져 나갔을까? 처음에는 자신들이 살던 아프리카와 기후가 비슷한 따뜻한 남쪽 지역을 선택했던 것 같아. 그러다 차츰 기후에 적응하게 되면서 온대 지역까지 영역을 넓혔겠지. 이때부터 곧선 사람은 여러 곳에 널리 퍼져 스스로 진화해 나갔기 때문에, 사는 곳에 따라 생김새도 달라지게 되었어.

아시아에서는 인도네시아, 인도, 중국에서 곧선 사람이 살았던 흔적이 발견되었어. 가장 오래된 곧선 사람이 발견된 곳은 아프리카이지만, 곧선 사람이 가장 먼저 발견된 곳은 인도네시아 자바 섬이야.

네덜란드의 군의관이었던 유진 뒤부아는 인류의 먼 조상과 지금의 인류를 연결할 수 있는 중간 단계의 인류가 인도네시아 지역에 살았을 것으로 믿고 오랫동안 조사했어. 그러다가 인도네시아 자바 섬 솔로 강 근처에 있던 트리닐 유적에서 1891년에 인류 화석을 발견하고 '피테칸트로푸스'라는 이름을 붙여 주었어. 이들이 자바 섬에 살았던 시기는 약 100만 년 전으로 보고 있어.

중국에서도 고인류 유적이 많이 발견되었는데, 인도네시아와 비슷한 시기에 인류가 자리를 잡은 것 같아. 중국에서 가장 유명한 고인류 유적은 저우커우뎬 유적이야. 이 유적에서는 수많은 인류 화석과 석기, 동물 화석이 발견되었어.

곧선 사람은 손쓰는 사람보다 훨씬 발달된 기술을 가지고 있었어. 도구들이 표준화되었고 종류도 다양해졌지. 곧선 사람이 사용한 도구 중에서 가장 유명한 것은 양면 석기야. 자갈돌의 앞면과 뒷면을 다듬어서 양쪽의 모양을 똑같게 만든 석기인데, 시간이 흐르면서 대칭도 완벽해지고 두께도 얇아졌어. 고기를 자르거나 나무를 다듬을 때 등 다양하게 쓰였지.

양면 석기가 처음 발견된 곳은 유럽이야. 그 뒤 아프리카와 인도에서도 발견되었고, 한국과 중국에서도 양면 석기가 많이 발견되고 있어. 양면 석기는 인류의 지혜가 발달하면서 세계 각지에서 동시에 만들어진 도구라고 볼 수 있지.

구석기 시대의 대표적인 도구인 양면 석기. 찍는 날과 자르는 날이 다 있어서 매우 유용하게 쓰였다.

슬기 사람과 슬기슬기 사람이 나타나다

30만 년 전부터는 곧선 사람 중에서 조금 더 진화한 사람들이 나타나 세계 각지에서 살았어. 그리고 20만 년 전에서 10만 년 전, 아프리카에서 요즘 사람의 특징을 가진 '슬기 사람호모 사피엔스'이 나타났어. 같은 시기에 유럽과 서아시아, 중앙아시아에는 슬기 사람의 아종인 '네안데르탈' 사람이 살았어. 네안데르탈은 이 종류의 화석이 가장 먼저 발견된 곳의 지명을 따서 붙인 이름이야. 나머지 지역에서는 슬기 사람이 살았지.

슬기 사람은 체질이나 기술이 곧선 사람과 크게 다르지 않아서 예전에 사용하던 기술을 이어받아 발전시켜 나갔어. 그리고 네안데르탈 사람은 굉장히 다부진 체격에 추위를 잘 견뎠다고 해. 생김새는 곧선 사람처럼 눈두덩이 불룩하고, 치아가 지금의 인류보다 크고 턱이 없었어.

네안데르탈 사람은 인류 문화가 발달하는 데 큰 공을 세웠단다. 석기 만드는 기술이 아주 훌륭했거든. 이들은 석기를 만들기 전에 모양을 미리 구상한 다음 떼어 냈어.

또 네안데르탈 사람은 죽은 이를 땅에 묻기 시작했어. 살림터 가까운 곳에 얕게 구덩이를 판 뒤 시신을 묻고, 사랑하던 사람의 장례를 지내면서 슬퍼했을 거야. 때로는 죽은 사람을 위로하려고 무덤 안에 석기나 동물을 함께 넣어서 묻기도 했어. 지금의 이스라엘, 이라크, 프랑스 같은 곳에서 그때 남긴 무덤이 많이 발견되고 있지.

이처럼 훌륭하게 문화를 발전시킨 네안데르탈 사람은 3만 5,000년 전, 지금의 인류인 '슬기슬기 사람호모 사피엔스 사피엔스'이 등장하면서 모두 사라졌어. 어찌나 갑작스러운 일이었는지, 네안데르탈 사람이 사라진 까닭은 현대 고고학이 풀어야 하는 수수께끼 중 하나로 꼽힌단다.

슬기슬기 사람은 최초로 발견된 유적지 이름을 따서 '크로마뇽' 사람이라고 부르기도 해. 바로 이들이 우리의 조상이야. 얼굴 생김새나 신체 구조가 우리와 같지.

슬기슬기 사람은 도구 만드는 기술을 더 발전시켰어. 네안데르탈 사람처럼 석기를 떼기 전에 무슨 모양으로 만들지 먼저 생각한 다음, 그에 맞는 석기를 만들었는데, 나중에는 작은 석기를 여러 개 만들어 조립해서 사용하기도 했단다.

그뿐 아니라 곧선 사람이 1킬로그램짜리 돌로 날카로운 날을 45센티미터 만들 수 있었다면, 슬기슬기 사람은 10미터나 만들 수 있었지. 같은 재료로 20배가 넘는 많은 날을 만들 수 있었던 셈이야.

또 뼈나 뿔을 이용해서 도구를 만들기도 했어. 뼈를 갈아서 만든 바늘이 2만 년 전쯤 처음으로 등장하는데, 바늘귀도 있어. 지금 우리가 사용하는 바늘과 재질만 다를 뿐 똑같이 생겼단다. 대단하지?

중국 저우커우뎬 유적에서도 바늘귀가 있는 뼈바늘이 발견되었어. 슬기슬기 사람은 이런 도구를 이용해서 옷도 지어 입고 신발도 만들어 신었어. 시베리아의 무덤 유적에서 발견된 사람은 위아래 옷을 따로 입고 장화까지 신은 채 묻혀 있었다고 해. 이 정도로 갖춰 입으면 날씨가 아무리 추워도 견딜 수 있었을 거야.

예술 표현도 슬기슬기 사람이 처음 시작했어. 여인의 모습을 표현한 비너스를 만들고, 예쁜 장신구를 하고 다니기도 했지. 그뿐 아니라 들소, 첫소, 사슴, 말, 매머드, 털코뿔이의 모습을 아주 생생하게 동굴 벽에 그리기도 하고, 들소 무리를 진흙으로 빚어 만들기도 했어. 이들이 사용했던 물감이나 동굴 벽화의 구성은 지금 감각으로 보아도 전혀 뒤지지 않을 정도로 아주 솜씨가 뛰어나단다.

슬기슬기 사람도 죽은 사람을 묻어 주었어. 구덩이

빌렌도르프에서 발견된 비너스. 구석기 시대 사람들이 풍요를 비는 마음을 표현한 것이다. 먹을 것이 부족해 굶어 죽거나 사냥하다 죽는 사람도 많았기 때문에 풍요와 다산은 아름다움의 상징이었다.

를 파고 시신을 넣은 다음, 주변에 붉은 흙을 뿌리거나 예쁜 장신구를 넣어 주기도 하고, 아름다운 돌로 만든 특별한 석기를 넣어 주기도 했단다.

불과 언어를 사용하다

사람들이 처음으로 불을 사용하기 시작한 것은 곧선 사람 때부터야. 산불이 나거나 화산이 폭발했을 때 불이 나는 것을 보고 불이 무엇인지는 알고 있었을 거야. 하지만 인류의 조상에게 불은 가까이 하기엔 너무 뜨겁고 무서운 존재였겠지.

그러다가 40만 년 전쯤에 불을 사용한 흔적이 세계 곳곳에서 발견되었어. 중국의 저우커우덴 유적에는 재가 쌓여서 생긴 층이 몇 미터나 남았고, 프랑스의 테라 아마타 유적에서는 막집 가운데 둥그렇게 돌을 둘러서 만든 불 땐 자리가 발견되었지.

불을 사용하면서부터 사람들의 생활은 많이 편리해졌어. 불이 있으니까 사나운 동물이 가까이 다가오지 못했어. 그리고 밤이 되어도 예전처럼 어둡지 않았지. 날씨가 추워도 견디기 쉬웠고, 음식도 익혀 먹게 되었어. 나무를 불에 달구면 훨씬 단단한 도구를 만들 수 있다는 것도 알게 되었단다.

밤에는 불가에 앉아 할아버지와 할머니의 얘기도 듣고, 건넛마을에 산다는 용감한 사냥꾼 얘기도 들었겠지. 그러면 여러 가지 상상도 하게 되고 놀라운 능력을 가진 존재에 존경하는 마음도 들었을 거야. 공동체에 대한 마음도 더욱 단단해졌을 거고.

그리고 사람들은 언어를 사용했단다. 그런데 이것을 증명할 수 있는 자료가 충분하지 않아서 정확하게 언제부터 언어를 사용했는지 밝히기가 아주 어려워.

그걸 연구하는 데 가장 도움이 되는 것은 우리 뇌의 구조야. 사람의 뇌 왼쪽에는 언어 능력을 담당하는 기관이 있거든. 이 기관의 구조를 살펴보면 언어를 사용할 수 있는지 없는지 알 수 있지. 손쓰는 사람부터는 다른 영장류나 오스트랄로피테쿠스보다 이 부분이 발달했다고 해. 그래서 인류의 먼 조상이 이미 언어를 사용했을 거라고 보는 거지.

이보다 자세한 자료는 훨씬 나중에 발견되었어. 이스라엘의 케바라 유적에서 5만 년 전에 살았던 사람의 뼈가 나왔는데, 그중에는 혀 밑 뼈도 있었어. 우리처럼 언어를 사용할 수 있는 모양이라고 해.

따라서 인류는 적어도 5만 년 전부터 우리와 비슷하게 말을 했다고 할 수 있어. 선사 시대를 배경으로 하는 영화나 만화 영화를 보면 사람들이 말을 하지 않고 소리만 지르는 것으로 표현한 경우가 많은데, 역사적으로 옳지 않은 거지.

인도네시아 자바 섬에 살던 피테칸트로푸스가 불을 피우는 장면을 묘사한 그림. 불을 사용할 줄 알게 된 인류는 사냥해 온 동물을 익혀 먹었다.

사냥과 채집 생활을 하다

구석기 시대 사람들은 어떤 음식을 먹고 살았을까? 구석기 시대 유적에서 발견되는 동물 뼈나 흙 속에 들어 있는 식물의 꽃가루를 분석하면, 어떤 종류의 동물이나 식물을 먹었는지 알 수 있어.

사람 뼈를 분석해도 알 수 있지. 어떤 음식을 먹느냐에 따라 사람 뼈를 구성하는 성분이 미세하게 달라지거든. 그래서 바닷가에 살던 사람인지, 고기를 많이 먹던 사람인지, 채소를 많이 먹던 사람인지 알 수 있단다.

또 치아 표면에 남은 흔적으로도 식습관을 알 수 있다고 해. 치아 표면에 세로로 긴 선이 많이 남았다면 고기를 많이 먹은 사람이야. 반면 비스듬하거나 가로로 짧은 선이 많다면 채소를 많이 먹은 사람이라고 볼 수 있어.

구석기 시대 사람들은 자신들의 살림터 주변에서 동물을 사냥하거나 식물을 채집해서 먹을거리를 구했어. 특히 고기는 사냥을 해야 구할 수 있는 음식이었어. 그렇다면 인류의 조상은 언제부터 사냥을 하기 시작했을까?

앞에서 살펴보았듯이 인류의 먼 조상은 키가 작고 몸집도 크지 않았어. 그렇다고 날카로운 이빨이나 발톱이 있는 것도 아니고, 빨리 뛰지도 못했단다. 그러니 혼자서 사냥하기는 힘들었을 거야. 고기를 먹으려면 작은 동물을 잡거나 다른 동물이 사냥해서 먹다 남긴 것을 먹을 수밖에 없었겠지.

그런데 시간이 흐르면서 인류의 조상은 점점 영리해지고 더 다양한 도구를 만들어 쓸 수 있게 되었어. 그리고 사냥할 때 서로 힘을 모을 줄 알게 되었고. 자기보다 큰 동물을 혼자 사냥하는 건 위험한 일이지만, 여러 사람이 힘을 모으면 훨씬 쉬웠거든.

어떤 사람은 동물들이 지나가는 길을 관찰해서 정보를 모으고, 다른 사람들은 거기에 함정을 파는 거야. 동물을 뒤쪽에서 몰아서 절벽까지 가게 한 다음 떨어뜨려서 사냥하는 방법도 있었어. 게다가 슬기슬기 사람은 창을 멀리 던질 수 있는 도구인 창던지개를 발명해 훨씬 효율적으로 사냥했단다. 창던지개를 사용하면 직접 창을 던질 때보다 두 배나 멀리 던질 수 있다고 해.

활과 화살은 1만 년 전에 발명되었어. 가벼운 데다가 사냥감에 명중시킬 수 있는 활과 화살 덕분에 혼자서 큰 짐승을 사냥할 수 있게 되었지. 지금도 칼라하리 사막에 사는 부시맨 남성은 활과 화살을 들고 혼자서 코끼리 사냥을 나간다고 해.

그럼 구석기 시대 사람들이 가장 많이 사냥한 동물은 무엇일까? 들소, 첫소, 매머드, 코뿔소, 사슴, 순록처럼 몸집이 큰 초식 동물이 가장 많았어. 이렇게 잡은 고기는 사냥에 참여한 사람들과 가족이 나누어 먹었어.

동물을 사냥하면 얻는 게 많았어. 고기뿐 아니라 가죽, 뼈, 뿔까지 모두 생활에 보탬이 되었지. 가죽으로는 옷을 지어 입거나 막집을 덮을 가리개를 만들고, 뼈나 뿔로는 단단하고 날카로운 도구를 만들었어. 때로는 예술품을 만들기도 했고.

지혜로워진 인류는 여럿이 힘을 모으면 자신들보다 훨씬 큰 짐승을 사냥할 수 있다는 것을 깨달았다.

물고기도 많이 잡아먹었어. 곧선 사람이 살았던 곳에서도 물고기 뼈가 나오지만, 슬기슬기 사람들도 아주 많이 먹었던 것 같아. 연어, 숭어 같은 물고기 뼈들이 많이 발견되었거든. 프랑스의 한 유적에서는 동굴 입구에 연어 조각을 새겨 놓았을 정도이니, 슬기슬기 사람들이 얼마나 연어를 좋아했는지 짐작이 가지?

식물성 먹거리는 산이나 들에서 구했어. 식물의 잎이나 뿌리를 캐고 야생 과일을 따 먹기도 했지. 아프리카 사하라 사막 남쪽에는 지금도 사냥과 채집을 하며 사는 사람들이 있어. 이들은 필요한 식량의 80퍼센트를 채집으로 구하고 나머지 20퍼센트는 사냥으로 얻는다고 해.

구석기 시대 사람들이 사냥이나 채집으로 구한 식량은 한꺼번에 다 먹을 수 없을 만큼 많을 때도 있었을거야. 운이 좋아서 매머드 한 마리를 잡았다고 상상해 보자. 공동체 사람들이 배부르게 먹었는데도 고기가 많이 남았다면 어떻게 했을까?

아마 얼리거나 연기에 그을려서 보관했을 거야. 태우면 연기가 아주 많이 나는 식물들이 구석기 시대 유적에서 발견되었거든. 그리고 식물은 시간이 지나도 먹을 수 있게 말려서 보관했을 거야.

라스코 동굴 벽화

슬기슬기 사람이 그린 라스코 동굴 벽화는 1940년에 주변 마을 어린이들이 발견해 세상에 알려졌다. 1만 7,000년 전의 후기 구석기 시대 동굴 예술을 대표하는 곳으로, 프랑스 중서부 지방 베제르 계곡의 절벽 위쪽에 있다. 동굴의 벽면은 갖가지 동물 그림으로 아름답게 장식되어 있으며, 여기에는 사냥의 성공과 풍요를 기원하는 뜻이 담겨 있다. 동굴에 새기거나 그린 그림은 모두 3,000개가 넘는다. 벽화가 동굴에서 가장 다가가기 어려운 곳에 자리 잡고 있는 것으로 보아, 그곳이 종교 의식을 하는 주술사만 들어갈 수 있는 신성한 곳이었으리라 짐작한다. 따라서 동굴 벽화를 그리는 일도 종교 활동의 일부였다고 볼 수 있다.

요르단 강 서쪽 기슭에 있는 고대 도시 예리코 유적지.

1만 년 전 무렵, 빙하가 물러나고 기후가 따뜻해지기 시작했어. 사람들은 옮겨 다니지 않고 한곳에 머무르면서 살기 시작했지. 그리고 가축을 기르고 농사를 지으면서 먹을 거리를 생산하는 단계로 접어들었어. 또 돌을 갈아서 석기의 날을 예리하게 만드는 새로운 기술이 등장하는데, 이때를 신석기 시대라고 해.

마을과 농경의 시작

마을 생활을 하다

1만 년 전쯤에 지구의 기후가 또 한 번 크게 바뀌었어. 그전까지는 지구의 많은 부분이 빙하로 덮여 있어서 기온이 아주 낮았는데, 날씨가 따뜻해지면서 빙하가 조금씩 녹아내리기 시작했거든. 들판을 덮고 있던 얼음이 녹고, 전에는 사람이 살 수 없던 곳까지 이제 옮겨 갈 수 있게 되었어.

빙하가 녹으니 해수면도 높아졌지. 사람들의 사냥감이 되었던 동물들도 기후가 달라지니까 살기에 적당한 곳을 찾아 떠났어. 그중에는 아예 지구에서 사라진 동물도 있는데, 아주 추운 기후에 살던 매머드가 그랬단다. 하지만 따뜻해진 기후 덕에 야생 식물의 종류는 갑자기 늘어났어.

사람들도 변화하는 환경에 맞춰 새로운 생활 방식을 받아들였어. 예전에는 사냥감을 따라 이리저리 옮겨 다니면서 살았는데, 이제는 한곳에 정착해서 살게 되었지. 서아시아 지역에서는 커다란 마을이 등장하기도 했어.

그런데 그때까지도 곡식을 재배하거나 가축을 기른 흔적이 보이지 않기 때문에, 정착 생활이 먼저 이루어진 다음에 농사를 짓고 가축도 길렀을 것으로 보고 있어. 농사를 지으려면 주변에 어떤 야생 식물이 자라는지 세심하게 관찰해야 했을 거야. 그러니 이동 생활을 하기보다 한곳에 머무르면서 생활하는 것이 훨씬 좋았겠지.

집을 지을 때는 주변에서 쉽게 구할 수 있는 재료를 이용했어. 요르단의 예리코 유적처럼 덥고 건조한 지역에서는 진흙으로 벽돌을 구워서 집을 짓고 마을을 만들었어. 습기가 많은 북유럽 지역에서는 통나무로 집을 지었지.

터키의 차탈 후유크에서는 대규모의 문명이 있었을 거라고 추정해. 그곳 사람들은 마치 벌집처럼 다닥다닥 붙은 진흙집에서 살았는데, 도로나 골목이 없이 지붕 위로 다니다가 집으로 들어갈 때는 지붕에 뚫린 구멍과 연결된 사다리나 계단을 이용했지. 이 구멍은 환기구와 굴뚝 구실도 했다고 해. 또 지붕은 모임 장소가 되기도 하고, 날씨가 좋은 날에는 지붕 위에서 음식을 해 먹기도 했지. 차탈 후유크에는 약 8,000명이 살았을 거라고 하는데, 마을의 일부는 종교적인 장소로 사용하기도 했어.

곡물 재배와 가축 사육이 널리 퍼지다

야생 식물을 길들이는 것은 지금의 메소포타미아 지역에서 가장 먼저 시작되었어. '비옥한 초승달 지대'라고 불리는 이곳은 덥고 건조한 여름이 길고, 겨울은 짧으면서 따뜻하고 습기가 많아서 다른 지역보다 훨씬 다양한 식물이 자랐지. 게다가 이 지역의 야생 식물들은 다른 지역에서 자라는 식물보다 열매가 많고 무성했다고 해.

처음에 사람들은 주변에서 야생으로 자라는 식물들을 관찰하면서 지혜를 쌓아 갔어. 그러면서 생산량도 많고 재배하기도 쉬운 식물을 찾아냈고, 그것들을 길들여서 농사를 짓기 시작했지. 마침내 사람들이 먹을거리를 스스로 생산할 수 있게 된 거야.

가장 먼저 재배하기 시작한 식물은 밀, 보리, 완두콩이었어. 기원전 8000년 무렵에 서아시아 지역에서 시작되었지. 거의 비슷한 시기에 중국의 양쯔 강 주변에서도 식물을 재배하기 시작했어. 이곳에서 재배한 것은 벼와 기장이었어.

기원전 5000년 무렵에는 아프리카 남부 지역에서 수수를 재배했고, 옥수수는 중앙아메리카에서 제일 먼저 재배하기 시작했는데, 기원전 3500년 무렵이야.

식물을 길들여 재배한 시기는 지역에 따라 조금 이른 곳도 있고 더딘 곳도 있었어. 하지만 특정 지역에서 시작해 주변 지역으로 퍼져 나간 것은 아니야. 전 세계에서 거의 동시에 일어난 현상이었다고 할 수 있지.

재미있는 점은, 최초로 재배에 성공한 곡물들이 지금도 그 지역의 주된 식량이라는 사실이야. 아시아의 쌀이 그렇고, 남아메리카의 옥수수가 그렇지.

한편, 신석기 시대 사람들은 야생 동물을 길들여서 가축으로 기르기 시작했어. 야생 동물을 길들이는 일은 쉽지 않았을 거야. 사람들은 처음에 야생 동물의 어린 새끼를 잡아서 먹이를 주면서 곁에 두었을 거야. 그러다 야생 동물들이 점차 사람과 친해지고 무서워하지 않게 되었겠지. 그런 상태에서 새끼를 낳아 몇 세대가 지나면 완전히 길들여지는 거지.

하지만 겁이 너무 많거나 너무 사나운 동물은 길들일 수 없었겠지. 먹이를 너무 많이 먹거나 성장이 너무 느린 동물도 가축으로 길들이기 적당하지 않았을 거고. 사람들은 기르기 적당한 동물을 가려서 길들였고, 그 동물들이 가축이 되었단다.

마침내 사람은 먹을거리를 스스로 생산할 수 있게 되었다.
가장 먼저 재배하기 시작한 식물은 밀, 보리, 완두콩이었다.
기원전 8000년 무렵 서아시아에서 시작되었다.

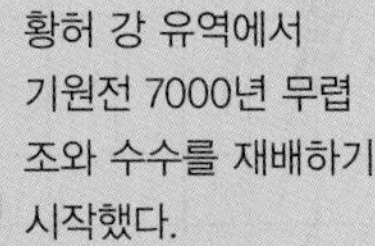

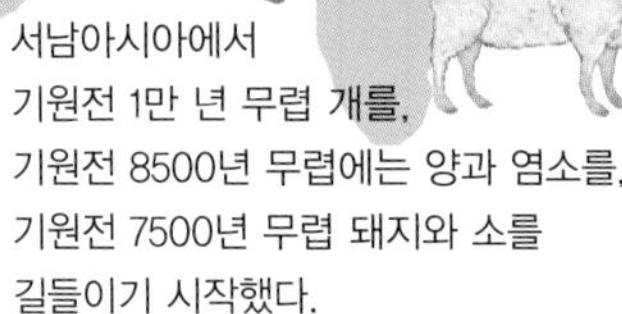

가축을 기르게 되자 사람들의 생활에 좋은 점이 많이 생겼어. 예전에는 위험을 무릅쓰고 사냥을 나가야 고기를 얻을 수 있었지만, 이제는 위험한 일을 하지 않고도 더 많은 고기를 얻을 수 있게 되었거든.

게다가 동물의 젖과 털이나 가죽, 뿔도 얻을 수 있었어. 농사를 짓거나 물건을 나르고, 심지어 전쟁을 할 때도 동물의 힘을 이용할 수 있게 되었지.

가축이 된 동물의 종류는 지역마다 달랐어. 기후와 환경이 다르니 당연한 일이겠지. 사람들이 제일 먼저 길들인 동물은 개야. 기원전 1만 년 무렵부터 개는 사람들의 사냥을 따라다니고, 목축을 도와주었어.

중앙아메리카에서
기원전 3500년 무렵 옥수수를
재배하기 시작했다.

중앙아메리카에서
기원전 3000년 무렵
고구마를 재배하기 시작했다.

안데스 산맥 지역에서
기원전 3500년 무렵
라마를 길들이기 시작했다.

안데스 산맥 지역에서
기원전 2500년 무렵
면화를 재배하기
시작했다.

기원전 8500년 무렵에는 서남아시아 지역에서 양과 염소를 길들였고, 이보다 조금 늦은 기원전 7500년 무렵에는 소와 돼지가 가축이 되었어. 말은 늦게 가축이 된 편인데, 기원전 4000년 무렵이야. 말을 처음으로 가축으로 길들인 곳은 지금의 우크라이나 지방이지.

안데스 산맥에서 중요한 운송 수단인 라마는 기원전 3500년에 가축이 되었어. 낙타는 기원전 2500년 무렵에 가축이 되었고. 이제 보니 우리가 알고 있는 가축의 대부분이 신석기 시대에 길들여졌구나!

이렇게 신석기 시대 사람들은 자연에서 식량을 구하는 게 아니라 가축을 기르고 농사를 지으면서 스스로 먹을거리를 생산하게 되었어. 농경과 목축은 인류 문화사에서 아주 중요한 사건이기 때문에 이것을 '신석기 혁명'이라고 말하기도 해.

토기와 간석기를 사용하다

토기는 진흙으로 만든 그릇이야. 신석기 시대부터 사용했지. 그럼 구석기 시대 사람들은 토기 만드는 기술을 몰랐을까? 그렇진 않단다. 후기 구석기 시대의 유적들에서 진흙을 구워서 만든 예술품이 발견되고 있거든. 그러니까 구석기 시대 사람들도 흙을 불에 구우면 단단해진다는 것을 알고 있었다는 얘기지.

그런데 왜 구석기 시대 사람들은 토기를 만들어 쓰지 않았을까? 그건 구석기 시대 사람들이 여기저기 옮겨 다니면서 살았기 때문이야. 이동 생활을 해야 하는데, 토기 같은 무거운 살림살이가 있다면 불편했겠지.

그러다가 신석기 시대에 들어오면서 사람들이 한곳에 정착해서 살게 되었거든. 이제는 옮겨 다닐 필요가 없으니까 본격적으로 토기를 만들기 시작한 거야. 가장 오래된 토기가 나온 곳은 러시아의 연해주 지역과 일본이야. 이곳의 토기들은 기원전 1만 년 이전부터 사용한 것이라고 해. 우리나라의 제주도와 동해안에서도 아주 일찍부터 토기를 사용했을 거라고 추측하지.

토기는 지역에 따라 모양이나 무늬가 다 달라. 어떤 곳에서는 도토리처럼 밑이 뾰족하고, 또 어떤 곳에서는 밑이 납작하거나 둥글지. 어떤 마을 사람들은 비스듬하게 선을 그어서 모양을 냈고, 어떤 마을 사람들은 손톱이나 조개 껍데기를 이용해 무늬를 넣기도 했어. 사는 환경이 모두 다르고, 아름답다

기원전 3400년 무렵의 이집트 토기. 곡식이나 씨앗을 저장하는 데 쓰였다.

고 생각하는 게 다르기 때문에 그랬을 거야.

신석기 시대 사람들은 토기를 이용해서 먹을거리를 저장하거나 음식을 만들었어. 토기 중에는 안쪽에 까만 자국이 남아 있는 게 있는데, 이것은 조리를 하다가 음식물이 넘치거나 눌어붙어서 생긴 자국이란다. 최근에는 과학적인 방법을 이용해 어떤 종류의 음식을 요리했는지도 밝힐 수 있게 되었어.

새로운 기술을 이용한 도구들도 등장했어. 가장 큰 변화는 돌의 일부분이나 전체를 갈아서 석기를 만들게 된 거야. 이것을 간석기라고 해. 구석기 시대에 사용했던 뗀석기에 견주면 만드는 과정이 복잡하지만, 좀 더 편리하게 오래 사용할 수 있었지.

신석기 시대를 대표하는 석기 중에는 돌도끼가 있어. 나무를 베는 데 사용했던 도구란다. 농사를 지으려면 농경지가 필요한데, 농경지를 얻으려면 나무를 베어 내 숲을 없애야 했거든.

곡물을 수확할 때 쓰는 돌낫이나 반달 돌칼 같은 도구도 등장했어. 갈돌과 갈판도 신석기 시대 유적에서 많이 볼 수 있는데, 수확한 농작물을 가공하는 용도로 쓰였지.

한곳에 정착해서 살게 된 사람들은 토기를 만들었다.
비로소 인류는 자연물을 쓰임새에 맞게 만들어
쓰기 시작한 것이다.

갈돌과 갈판은 나무 열매나 곡물의 껍질을 벗기거나 가루로 만드는 데 사용했다.

그 당시 사람들이 사용하던 석기는 대부분 주변에서 쉽게 구할 수 있는 재료로 만들었지만, 때로는 아주 먼 곳에서 들여온 것을 사용하기도 했어. 가장 대표적인 것이 흑요석이란다. 흑요석은 반짝거리는 돌인데, 뗀 면이 아주 날카로워서 도구로 이용하기에도 좋았지만, 장신구를 만드는 데에도 많이 사용했어. 흑요석은 화산 지대에서만 나오는 암석이기 때문에 생산지가 제한되어 있는데도, 수천 킬로미터나 떨어진 곳에서 발견되는 걸 보면 그때 사람들도 교역을 했었나 봐.

인류가 자연에 의존하지 않고 스스로 생산할 수 있게 되자 무엇보다 먹을거리를 안정적으로 얻을 수 있게 되었어. 또 생산력이 높아지면서 개인이 재산을 갖게 되었지. 이렇게 생활 여건이 안정되니 인구도 자연스럽게 늘어났겠지?

게다가 사람들은 예전보다 더 오래 살 수 있게 되었어. 구석기 시대 사람들의 평균 수명은 스무 살쯤이었는데, 신석기 시대 사람들은 두 배나 더 오래 살았어.

또 먹을거리가 넉넉해지니까 직접 농사짓지 않는 사람들도 먹고살 수 있게 되었단다. 특정한 기술을 가진 장인이나 물건을 사고파는 상인, 전쟁에 나서는 전사, 정치를 맡은 사람들은 직접 농사짓지 않아도 먹을거리를 구할 수 있게 되었어. 인구가 늘면서 촌락의 규모도 커졌고, 힘 있는 씨족이 이웃 씨족을 통합하기도 했지.

이처럼 인류의 생산력이 커지고, 기술이 점점 더 발전하면서 인류 사회는 차츰 금속 문명으로 접어들어. 그리고 이를 바탕으로 세계 각지에서 크고 작은 도시와 문명이 일어났지. 금속 문명도 신석기 문화처럼 시기 차이는 있지만, 세계 각지에서 따로따로 일어나 서로 다르게 발전했단다.

역 사 타 임 캡 슐

차탈 후유크

차탈 후유크 유적은 기원전 7500년에서 기원전 5700년 사이에 지금의 터키 중남부에 있던 신석기 시대 마을 유적이다. 8,000명 정도 살았을 것으로 짐작하는데 당시로선 큰 마을이었다. 진흙 벽돌을 쌓아 올려 긴네모꼴의 집을 만들었으며, 지붕에 구멍을 뚫어 출입구로 이용했다. 집 내부에서는 곡물이 많이 발견되었고, 가축을 기른 흔적도 남아 있었다. 잘 그린 벽화와 황소를 거느리고 있는 흙으로 빚은 여신상이 있었던 것으로 보아 차탈 후유크 사람들은 여신을 숭배하고 황소를 귀하게 여겼던 것 같다.

세 계 사 사 전

선사 시대의 주인공들

오스트랄로피테쿠스 *Australopithecus*

약 700만 년 전에 등장한, 아프리카에서 발견된 최초의 고인류. 직립 보행을 하였으며 키 1~1.3미터, 두뇌 용량은 400~600시시쯤 되었다. 작은 머리에 비해 매우 발달한 턱과 긴 팔, 커다란 얼굴을 가졌다. 식물을 채집하거나 작은 동물을 잡아먹으며 무리를 지어 살았다.

손쓰는 사람 *Homo habilis*

약 260만 년 전에 등장한, 아프리카 탄자니아 올두바이 계곡에서 발견된 고인류. 키 1.25미터, 두뇌 용량은 600~900시시쯤 되었다. 직립 보행을 하고 도구를 사용했다.

곧선 사람 *Homo erectus*

약 200만 년 전에 등장한 고인류. 치아와 턱의 크기가 작아졌고, 키 1.5~1.6미터, 두뇌 용량은 800~1,000시시쯤 되었다. 무리를 지어 사냥했으며, 석기를 이용해 사냥을 하고 원시적인 언어로 의사소통을 했다. 불을 사용했다는 점에서 인류 진화의 역사에서 중요한 의미를 가진다.

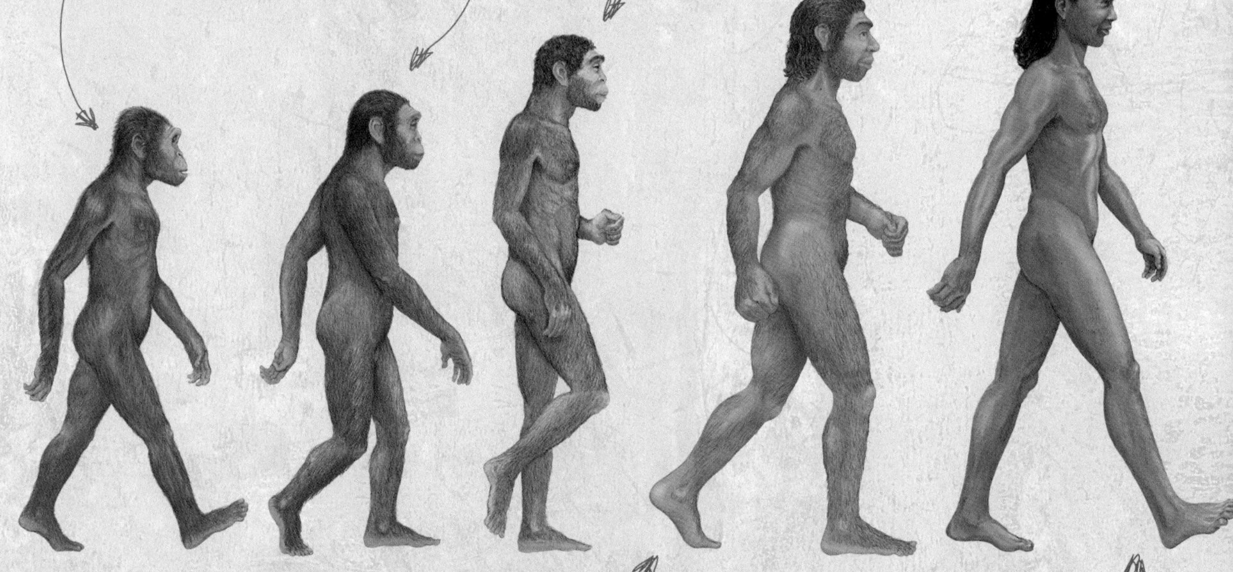

슬기 사람 *Homo sapiens*

약 20만 년 전에서 10만 년 전에 등장한 고인류. 두개골의 용량이 더욱 증가했으며, 얼굴 형태도 현대인과 비슷하게 되었다. 어금니가 작아지고 앞니가 큰 것이 특징인데, 음식을 익혀 먹을 수 있게 되면서 어금니 사용이 줄고 도구를 만들 때 앞니를 자주 사용했기 때문인 것으로 보인다. 최초로 장례를 치른 인류로 대표적인 슬기 사람은 네안데르탈 사람이다.

슬기슬기 사람 *Homo sapiens sapiens*

약 3만 5천 년 전 등장한 인류 진화 마지막 단계의 인류. 최초로 발견된 유적지 이름을 따 '크로마뇽 사람'이라고도 한다. 생김새나 신체 구조가 오늘날 인류와 같고, 두뇌 용량도 1,500~1,600시시이다. 언어를 사용하였으며 알타미라와 라스코 동굴에 벽화를 남기는 등 예술 활동을 했다. 발달된 도구를 사용하고, 사냥과 채집을 하며 옮겨 다니는 생활에서 정착해 농경과 목축을 하는 생활로 전환했다.

역사용어풀이

행성(行星 : 갈 행, 별 성) 중심이 되는 별의 둘레를 각자의 궤도에 따라 돌면서, 자신은 빛을 내지 못하는 천체. (11쪽)

지구(地球 : 땅 지, 건질 구) 태양에서 세 번째로 가까운 행성. 인류가 사는 천체이며 달을 위성으로 가진다. (11쪽)

진화(進化 : 나아갈 진, 될 화) 생물이 과거부터 현재에 걸쳐 점차 변화해 온 과정. 간단한 것에서 복잡한 것으로, 수준이 낮은 것에서 높은 것으로 발전한다. (11쪽)

척추동물(脊椎動物 : 등뼈 척, 몽치 추, 움직일 동, 만물 물) 몸의 등 쪽에 세로로 늘어선 등골뼈로 된 척추가 있는 동물. 어류, 양서류, 파충류, 조류, 포유류가 있다. (12쪽)

무척추동물(無脊椎動物 : 없을 무, 등뼈 척, 몽치 추, 움직일 동, 만물 물) 척추동물을 제외한 모든 동물. 척추가 없으며 원생동물에서 극피동물까지, 오늘날 살아 있는 동물의 90퍼센트를 차지한다. (12쪽)

포유류(哺乳類 : 먹일 포, 젖 유, 무리 류) 새끼에게 어미가 젖을 먹여 키우는 동물. 젖먹이 동물이라고도 한다. (13쪽)

영장류(靈長類 : 신령 령(영), 길 장, 무리 류) 포유강, 영장목에 속한 동물들. 뇌가 큰 편이고 뇌 겉면에 주름이 잡혀 있으며, 생후 얼마간 어미에게 의존한다. 손가락에 날카로운 손톱 대신 평평한 손톱이 있고, 대부분 손가락과 발가락이 다섯 개다. (13쪽)

운석(隕石 : 떨어질 운, 돌 석) 지구에 떨어진 별똥. 대기 중에 들어온 유성(流星)이 다 타지 않고 땅에 떨어진 것. (13쪽)

도구(道具 : 길 도, 갖출 구) 어떤 일을 할 때 쓰는 연장을 통틀어 이르는 말. 석기에서 발전하여 도끼, 정, 톱 등이 만들어졌다. (15쪽)

화석(化石 : 될 화, 돌 석) 과거에 살았던 동식물의 유해나 활동 흔적 따위가 땅속이나 땅 위에 그대로 보존되어 남아 있는 것. 생물과 지구의 진화를 아는 데 큰 도움이 된다. (16쪽)

고인류(古人類 : 옛 고, 사람 인, 무리 류) 고대에 살았던 인류로 오스트랄로피테쿠스, 곧선 사람, 손쓰는 사람, 슬기 사람, 슬기슬기 사람 등이 있다. (16쪽)

유적(遺跡 : 끼칠 유, 자취 적) 과거 인류 생활이 남긴 물질적인 흔적. 형태가 크며 위치를 바꿀 수 없는 건축물이나 싸움터, 무덤, 주거지 등을 말한다. (17쪽)

뗀석기(打製石器 : 칠 타, 지을 제, 돌 석, 그릇 기) 구석기 시대에 사용하던 도구로, 돌을 그대로 이용하거나 깨진 조각을 이용했다. 뚜르개, 찍개, 주먹도끼 등이 있다. (17쪽)

아종(亞種 : 버금 아, 씨앗 종) 종(種)을 자세히 나눈 생물 분류 단위. 종으로 독립할 만큼 차이가 나지는 않지만, 다른 종으로 분류하기에는 서로 다른 점이 많고 사는 곳이 차이 나는 한 무리의 생물. (24쪽)

막집(幕 : 막 막) 임시로 간단하게 막처럼 꾸민 집. (26쪽)

간석기(磨製石器 : 갈 마, 지을 제, 돌 석, 그릇 기) 신석기 시대에 사용하던 도구로 돌을 갈아서 작고 뾰족하게 만들어 사용했다. 화살촉, 돌끌, 돌낫 등이 있다. (38쪽)

씨족(氏族 : 각시 씨, 겨레 족) 같은 조상을 가진 혈연 공동체. 원시 사회에서 부족 사회의 기초 단위이다. (40쪽)

2 문명의 시작

기원전 6000년 무렵
메소포타미아 문명이 시작되다.

기원전 5000년 무렵
황허 문명과 이집트 문명이 시작되다.

기원전 3000년 무렵
인더스 문명이 시작되다.

비옥한 초승달 지대, 메소포타미아 문명

도시 생활을 시작하다

처음 문자를 사용하다

법전을 만들다

[역사 타임캡슐] 함무라비 법전

나일 강의 선물, 이집트 문명

파라오가 피라미드를 만들다

상형 문자를 사용하다

최초의 국제 평화 조약을 맺다

[역사 타임캡슐] 사자의 서

[모둠 전시관] 투탕카멘의 황금 유물

기름진 땅에 핀 꽃, 인더스 문명

정교한 도시를 만들다

농경신을 모시다

아리아 인이 몰려오다

[역사 타임캡슐] 리그베다

황토와 강물의 축복, 황허 문명

문명이 시작되다

조상 숭배 사상이 발달하다

봉건제를 시행하다

[역사 타임캡슐] 갑골문

[세계사 사전] 문명을 만든 사람들

기원전 1780년
함무라비 왕, 법전을 만들다.

기원전 1600년
탕왕, 상나라를 세우다.

기원전 1046년
무왕, 상나라를 정복하고
주나라를 세우다.

고대 메소포타미아의 신전 우르의 지구라트.

서아시아에 흐르는 유프라테스 강과 티그리스 강의 하구에 지금의 이라크 남부를 중심으로 한 초승달 모양 지역이 있어. 이곳에서 기원전 6000년 무렵 인류의 첫 문명이 탄생했지. 바로 메소포타미아 문명이야. 메소포타미아 지역은 인류가 최초로 농사를 지었을 정도로 비옥했고, 먹을 것도 많아서 사람들이 모여들어 큰 도시를 이루었지.

비옥한 초승달 지대, 메소포타미아 문명

도시 생활을 시작하다

메소포타미아는 '두 개의 강'을 뜻하는 '포타미아'와 '사이'를 뜻하는 '메소'가 합쳐진 말이야. 유프라테스 강과 티그리스 강 사이라는 뜻이지. 메소포타미아 지역은 풍부한 물과 퇴적토 덕분에 땅이 아주 비옥했어. 게다가 주위에 바다나 높은 산맥도 없어서 살기 좋은 땅이었지. 그러니 자연히 사람들이 모여들었고, 다양한 기술과 지식도 모여 그것들이 서로 갈등하고 어울리면서 발전하게 되었단다.

사회가 발전하니 농사 기술도 발전하고 수확량도 많아졌어. 그리고 사람들은 자신에게 모자란 것과 남는 것을 서로서로 교환하기 시작했어. 농사를 짓지 않는 사람도 먹을 것이 필요하고, 농사짓는 사람은 여러 가지 도구가 필요했거든. 또 자신과 가족을 지켜 줄 전사나 정치가도 필요했지. 한마디로 사람들은 서로의 힘이 필요했던 거야. 사람들의 이러한 활동은 마침내 문명으로 꽃을 피우게 되었단다.

최초의 문명은 기원전 6000년 무렵 메소포타미아의 사마라 지역에서 발생했어.

최초의 문명

예전에는 메소포타미아 문명이 발생한 시기를 기원전 3500년 무렵으로 보았으나, 꾸준한 연구와 발굴에 의해 문명의 발생 시기가 더 오래전으로 올라가고 있다. 메소포타미아 문명이 일어난 시기는 기원전 6000년 무렵으로 밝혀졌다.

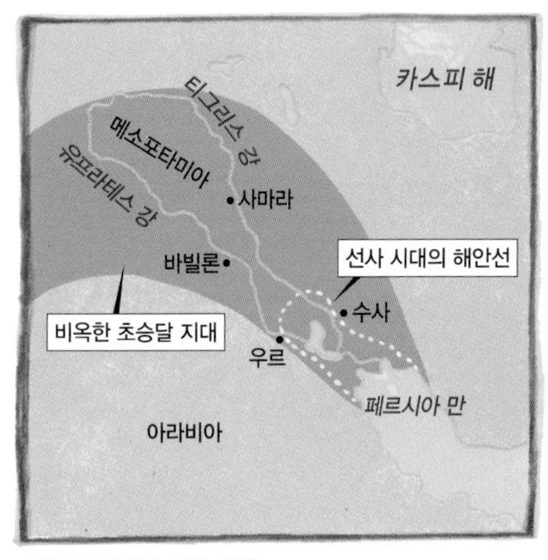

메소포타미아 문명 지역

메소포타미아 지역에서는 물 관리가 아주 중요한 일이었어. 해마다 홍수가 나서 강의 물길이 바뀌고, 지대가 낮아서 바닷물이 강으로 흘러드는 일도 잦았어.

또 비가 거의 오지 않는 이 지역에서 농사를 지으려면 강물을 끌어와야 했는데, 이런 일은 몇몇 사람이 하기에는 어려운 일이었어. 그런데 많은 사람이 한곳에 모여 살면서 도시를 이루게 되자 어려운 일도 힘을 모아 해내게 되었지.

도시가 발생하자 여러 가지 일이 생겼어. 사람들이 하는 일이 더욱 다양해졌고, 도시와 도시가 경쟁하기도 했지. 어떤 사람은 부자가 되었고, 반대로 가난해지거나 노예가 되는 사람도 생겼어. 이렇게 사회가 복잡해지자 질서와 체제가 필요했단다. 그

사회가 발전하자 농사 기술도 발전했고, 수확량도 많아졌다.
사람들은 모자란 것과 남는 것을 교환하기 시작했다.

리고 질서와 체제를 만들어 가는 과정에서 왕이나 관리, 군인, 종교를 맡아보는 사제 같은 신분이 생겼지.

메소포타미아 지역은 자연 자원이 부족했어. 풍족한 것이라곤 잡목과 진흙뿐이었지. 그래서 생활과 건축에 필요한 돌과 금속들은 모두 다른 지역에서 가져왔어. 그러다 보니 교역이 발달하게 되었단다.

지금도 남아 있는 신전이나 왕궁, 운하 같은 유적은 문자 기록이 분명하지 않았던 시기에도 도시가 번성했다는 것을 알려 준단다. 그런 큰 건물들은 많은 사람이 오랫동안 계획을 짜서 협력해야 만들 수 있거든.

도시 중에서도 먼저 문명을 발전시킨 도시가 점차 영역을 넓혀 갔어. 메소포타미아 문명도 예외가 아니야. 어느 힘센 도시가 다른 지역을 정복하거나 통합하면서 세력이 커졌고, 도시를 중심으로 한 국가도 나타났지.

남쪽의 우르나 키쉬, 우룩 같은 도시들이 대표적이야. 이 도시 국가들도 서로 경쟁하면서 발전했어. 그러다 메소포타미아 북쪽에 강한 도시 국가가 나타났단다.

바로 최초의 제국이라고 하는 '아카드 제국'이야. 아카드 제국의 세력은 아라비아 만에서 메소포타미아를 통해 시리아를 지나 지중해 연안까지 이르렀지. 아카드 제국에는 '사르

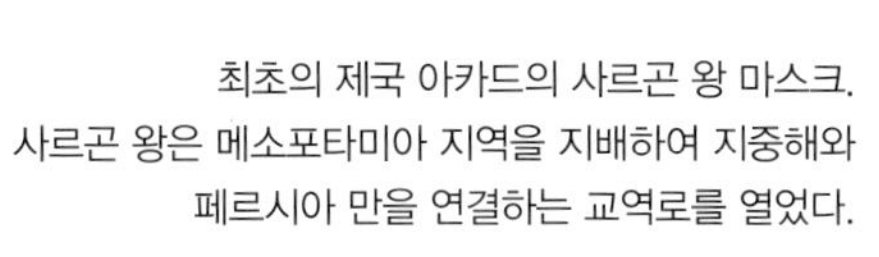

최초의 제국 아카드의 사르곤 왕 마스크.
사르곤 왕은 메소포타미아 지역을 지배하여 지중해와
페르시아 만을 연결하는 교역로를 열었다.

곤'이라는 왕이 있었는데, 왕조를 계승하고 지방에 총독을 보내며 요새를 만드는 등 통치의 규모나 방식이 여느 도시 국가와 매우 달랐단다.

처음으로 문자를 사용하다

메소포타미아의 역사는 한동안 사람들에게 전혀 알려지지 않았어. 이 지역은 오랫동안 그리스와 로마의 지배를 받았고, 나중에는 이슬람 세력이 주도권을 잡다 보니 과거 메소포타미아 사람들이 이룩했던 찬란한 문명은 모두의 기억에서 사라져 갔지.

기억의 빗장을 푼 것은 바로 이들이 쓰던 문자야. 이 문자는 길쭉한 세모꼴의 조합으로 이루어졌는데, 모양이 쐐기 같다고 해서 '쐐기 문자'라고 했어.

19세기 중반에 이 쐐기 문자의 뜻을 풀 수 있게 되면서 마침내 메소포타미아 문명이 세상에 알려졌어. 메소포타미아에서는 기원전 5000년부터 간단한 기호와 표식을 기록했어. 처음에는 경제 활동에 필요한 숫자나 동물을 나타내다가 점점 표현이 발전해 기원전 3000년 무렵에는 단순한 행정 기록까지 남길 수 있게 되었어.

수메르 어는 쐐기 문자로 기록되었는데, 초기에는 중국의 한자처럼 글자마다 뜻이 있었어. 메소포타미아 남부 지역에서만 쓰던 수메르 어는 아카드 어에 영

쐐기 문자를 새긴 점토판. 수메르 인은 인류 최초로 문자를 발명했다. 쐐기 문자는 점토판에 갈대나 금속으로 글자를 새겨 넣은 것이다.

향을 주었어. 아카드 어도 쐐기 문자로 기록했는데, 수메르 어와 달리 한글이나 알파벳처럼 글자가 소리를 나타냈지. 즉, 쐐기 문자가 뜻을 나타내는 문자에서 소리를 나타내는 문자로 발전한 거야.

메소포타미아 지역에 들어선 여러 제국들은 아카드 어를 사용했단다. 메소포타미아 주변의 나라들도 조약을 맺거나 맹세를 할 때 아카드 어를 쐐기 문자로 기록했어. 아카드 어는 오랫동안 넓은 지역에서 쓰이면서 형태나 의미가 많이 달라지게 되었지.

메소포타미아 사람들은 문자를 주로 점토에 기록했어. 점토를 펴서 판을 만들고, 그 위에 갈대나 금속으로 만든 펜으로 글자를 새긴 다음, 점토판을 말려 보관했단다.

점토에 글자를 눌러 새기는 방법은 가죽이나 종이에 기록하는 것보다 시간이 오래 걸리는 불편한 작업이었어. 하지만 점토판은 썩지 않고, 불에도 타지 않아서 많은 기록이 보존될 수 있었지. 그리스 영웅 서사시의 원형인 『길가메시 서사시』가 3,000년이 넘는 세월을 훌쩍 뛰어넘어 지금까지 전해지는 것도 점토판에 쐐기 문자로 기록했기 때문이란다.

길가메시 조각상. 『길가메시 서사시』는
세계에서 가장 오래된 바빌로니아의 서사시이다.

흔히 문명은 기록의 산물이라고 하지. 기록은 문명의 핵심인 지식을 쌓을 수 있게 하고, 그 지식을 다음 세대에 전해 줘. 그리고 경제 활동과 법률을 기록하고, 신화와 문학 작품을 만들어 내 사회가 더 빨리 발전할 수 있게 하지. 나아가 더 복잡한 사회로 가는 길을 열어 준단다.

메소포타미아 지역에서 인류 최초로 사용한 쐐기 문자는 이렇게 문명의 발달을 이루어 냈고, 다른 지역보다 먼저 찬란한 문명이 꽃피게 했지. 또 자기 문자를 만들지 못한 다른 지역에도 영향을 주었어. 서양 알파벳의 근원인 페니키아 어도 쐐기 문자의 영향을 받았으니 쐐기 문자의 영향은 지금도 이어지고 있다고 할 수 있어.

법전을 만들다

메소포타미아는 사방이 열린 지역이라 많은 사람이 들어오기 쉬운 곳이야. 그래서 제국 같은 안정된 정치 체제를 갖추었을 때에도 새로운 세력이 끊임없이 나타났지. 아카드 제국 이후 잠시 구티 족이 세력을 떨친 것이나, 뒤이은 우르 3왕조가 아모리 인에게 무너진 것처럼, 메소포타미아 외곽이나 바깥 세력이 주요 세력을 무너뜨리고 중심 무대에 나타났단다.

그중 아모리 인은 메소포타미아 서쪽에서 들어온 유목민인데, 바빌로니아도 아모리 인이 다스리는 나라였어. 이름이 좀 낯설다고? 하지만 함무라비라는 이름은 들어 봤을 거야. 함무라비는 바로 바빌로니아의 왕이야.

"눈에는 눈, 이에는 이"라는 말을 들어 봤지? 눈을 다치게 한 사람은 눈을 다치게 하고, 이를 다치게 한 사람은 이를 다치게 해서 갚아 준다는 뜻이지. 함무라비 법전에 나오는 말이야. 비인간적이고 잔인하게 느껴진다고? 천만의 말씀! 왜 그런지는 지금부터 살펴보자.

고대 사회에는 신분 차별이 있었어. 그래서 누군가 잘못을 하거나 범죄를 저지르면 보통 신분에 따라 처벌이나 배상하는 방법이 달랐지. 또한 같은 신분 안에서도 지위나 재산에 따라 차이가 있었어. 신분이나 지위가 낮은 사람이 잘못을 하면 엄하게 다스리고 반대로 높은 사람이 잘못을 하면 약하게 다스렸어.

함무라비 법전은 이런 차별을 크게 바꾸었어. 같은 신분 안에서는 지위나 상황에 관계없이 죄를 지은 사람에게 그 잘못과 똑같은 방식으로 벌을 주려고 했으니까. 그리고 다른 신분들 사이에도 그 벌이 심하지 않도록 정하였지. 그래서 함무라비 법전을 법의 역사에서 큰 발전을 이룬 법전으로 평가한단다.

메소포타미아에서는 일찍부터 법이 발전했어. 인류 최초의 법전인 기원전 21세기의 '우르 남무 법전'이나, 기존에 있던 법들을 한곳에 모은 기원전 18세기의 함무라비 법전도 메소포타미아 지역에서 만들어졌지.

바빌로니아의 함무라비 왕은 메소포타미아에 큰 제국을 세우고, 어른 키만 한 돌기둥에 법 조항을 새겨 넣었어. 이 돌기둥에는 282개 법 조항과 함께 왕이 신에게 왕권을 넘겨받는 그림도 새겨져 있어. 함무라비 법전은 가족과 상속에 관한 것부터 여러 분야의 법을 담고 있단다.

왜 메소포타미아에서는 법이 일찍부터 발전했을까? 그건 왕에 관한 생각이 다른 지역과 달랐기 때문이야.

함무라비 법전. 함무라비 왕은 여러 곳에 흩어져 있던 법 조항을 모아 모두 282개 조항으로 정리했다.

다른 지역에서는 왕을 신 또는 신과 비슷한 존재로 여겼는데, 메소포타미아에서는 왕이 신을 대신해 나라를 다스리는 사람이라고 생각했거든. 그러니 왕은 나라의 질서를 지키고 정의롭게 만들 책임이 있었던 거야.

그래서 메소포타미아의 왕은 왕위에 오를 때 '미샤림'이라는 칙령을 널리 퍼뜨렸어. 이 칙령은 이전 왕 시기에 논란이 되었던 문제들을 해결하는 내용을 담고 있어. 이를테면, 빚 때문에 땅 주인이 바뀌어 문제가 되었던 것을 바로잡는 일 같은 거지.

아카드 제국에 버금가는 큰 왕국을 이루었던 바빌로니아는 메소포타미아의 사회와 문화를 파악하는 데 표준이 되는 나라야. 함무라비 법전과 여러 다른 문서를 보면 그 당시의 사회 계층이나 구조, 사회적 관계 등을 알 수 있거든.

하지만 바빌로니아 왕국은 함무라비 왕이 죽은 뒤로 더는 힘을 유지하지 못하고 무너지고 말아. 정치 중심지였던 도시 바빌론마저 히타이트의 왕에게 빼앗기면서 메소포타미아 남쪽 지역은 신바빌로니아가 세워질 때까지 역사의 주도권을 북쪽의 아시리아한테 넘겨주게 된단다.

역 사 타 임 캡 슐

함무라비 법전

아눈나쿠의 왕인 아누 신과 하늘과 땅의 주인이며 이 땅의 운명을 결정하는 엔릴 신은 마르둑 신이 모든 백성을 다스려야 한다고 결정했다. 그들은 마르둑 신을 위대하게 만들었고, 바빌론 시에 영광스러운 명성을 주어 온 땅이 복되게 만들었고, 하늘과 땅의 기초가 단단한 것처럼 바빌론에서 마르둑 신의 영원한 왕권을 굳게 세웠다.

아누 신과 엔릴 신은 백성을 더 편안하게 하기 위해 신을 두려워하는 나 함무라비를 엄한 군주로 임명하였다. 그리고 이 땅을 정의로 다스리게 하였다. 강한 자가 약한 자를 못살게 굴지 않도록 하였다. 또 모든 사람들 위에 나를 해같이 솟아나게 했으며 온 땅을 밝히도록 하였다.

함무라비 법전은 서문, 본문, 결문으로 구성되어 있으며 위 글은 서문의 첫 부분이다. 왕은 신한테서 나라를 다스릴 권리를 받았고, 사회를 정의롭고 바르게 유지할 책임이 있다는 내용이 쓰여 있다. 본문에는 당시 사람들의 직업과 신분, 재산에 대한 다양한 정보가 담겨 있어 고대 메소포타미아 사회의 모습을 잘 보여 준다.

이집트의 파라오 람세스 2세의 거대 두상.

역사가 헤로도토스는 이집트를 '나일 강의 선물'이라고 표현했단다. 비가 거의 오지 않는 이집트에 나일 강이 없었다면, 사람도 살지 못하고 문명도 생기기 어려웠을 거야. 동방 지역에서 발달한 고대 이집트 문명을 사람들은 '나일 문명' 또는 '이집트 문명'이라고 해.

나일 강의 선물, 이집트 문명

파라오가 피라미드를 만들다

고대 이집트에는 약 3만 년 전부터 인류가 살았던 흔적이 있어. 그리고 기원전 5000년 이후에 곡식을 재배하고 가축을 길들인 흔적도 나타났지.

이집트는 나일 강을 중심으로 이루어졌는데, 나일 강 주위를 벗어나면 양쪽으로 사막이 있어서 사람이 살기 어려웠어. 남쪽의 누비아는 광물이 풍부하고 땅도 비옥했지만 너무 멀었어. 따라서 아스완 북쪽의 나일 강 주변 지역이 고대 이집트의 영토였지. 또 멤피스를 기준으로 남쪽은 상부 이집트, 북쪽인 나일 강 삼각주 지역은 하부 이집트라고 했어.

상부와 하부로 이집트를 나누는 것은 이집트 역사에서 매우 중요하단다. 이 두 이집트가 통일되었을 때를 '왕국기'라 하고, 분열되었을 때를 '중간기'라고 했거든. 각 왕조는 앞에 숫자를 붙여 구분했고.

1왕조는 기원전 3100년 무렵 메네스 왕이 상하 이집트를 통일하면서 시작되었어. 이때부터 토기나 도구 등에 지역적인 차이가 없어지고, 이집트의 위쪽과 아래쪽을 잇는 멤피스가 중요한 곳으로 떠올랐지.

이후에 이어진 왕조들은 중앙으로 힘을 모으고, 군대와 세금 제도의 체계를 만들어

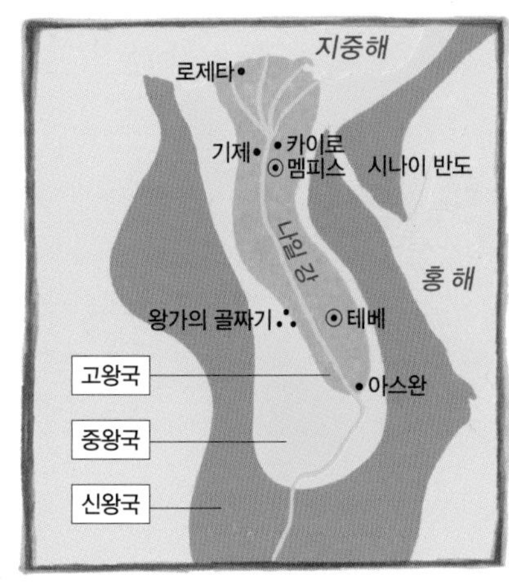

고대 이집트 문명 지역

나갔어. 기록하는 일을 하는 서기와 건축 장인들이 생겨 사회 발전도 이루었지. 3왕조에 이르렀을 때는 하부에 20개, 상부에 22개의 '노모스'라는 지방 행정 구역을 두고 총독을 임명해 다스리게 했어. 당시 발전된 국가 체계를 잘 보여 주고 있지.

고대 이집트의 발전된 정치 체제를 가장 잘 보여 주는 것은 파라오와 피라미드란다. 파라오는 원래 '큰 집'이라는 뜻으로 이집트 왕의 궁정을 이르는 말이었지만, 시간이 흐르면서 왕을 부르는 말로 쓰였어.

이집트 사람들은 파라오를 살아 있는 신으로 여겼고, 왕은 강력한 권력을 행사했어. 그래서 이웃 문명인 메소포타미아와 달리 고대 이집트에는 법전이 없었어. 왕의 말이 곧 법이요, 질서였으니 굳이 법전을 만들 필요가 없었던 거지.

이런 파라오가 죽은 뒤에도 영원히 살 곳으로 지은 건축물이 피라미드야. 피라미드의 거대함과 웅장함에는 오늘날 사람들조차 깜짝 놀라는데, 하물며 이런 건물을 4,700년 전에 만들었다니 당시 파라오의 힘이 얼마나 컸을지 짐작이 가지?

피라미드는 3왕조 시기부터 신왕국 시기까지 건설되었는데, 규모가 큰 것들은 4왕조 시기에 지어졌어. 그중에서 쿠푸 왕의 피라미드는 현재 남아 있는 80여 기의 피라미드 중에서 가장 규모가 커. 그래서 '대피라미드'라고도 하지.

이런 거대한 건축물을 만들 수 있었던 건 파라오의 엄청난 힘과 이를 뒷받침해 주는 국가 체계 덕분이었어. 나라에서는 파라오의 무덤을 짓기 위해 엄청난 인력과 물자를 동원했어. 그만큼 이집트 왕조는 힘이 셌단다.

쿠푸 왕의 대피라미드. 거대한 피라미드는 당시 이집트 파라오의 권력이 얼마나 강했는지를 말해 준다.

그런데 이 강력한 국가의 발목을 잡은 것은 다름 아닌 발달된 관료 제도였어. 5왕조 때부터 지방 세력의 힘이 세졌거든. 당시 귀족의 무덤 크기만 봐도 알 수 있지. 왕의 힘이 약해지면서 고왕국은 무너졌어. 그리고 아시아 사람들이 나일 강 삼각주까지 들어오게 되었지.

상형 문자를 사용하다

이집트에 통일 왕국이 들어서면서 나타난 변화 가운데 하나는 문자가 등장한 거야. 피라미드에 새겨진 글자를 본 적 있니? 마치 그림을 그려 놓은 것처럼 여러 가지 모양이 있는 글자 말이야. 읽기도 어렵고 배우기도 어렵겠다고? 사실은 그렇지 않아.

고대 이집트 어는 사람과 동물, 여러 가지 사물 등의 모습을 본떠 만들었단다. 이런 글자를 상형 문자라고 해.

고대 이집트 어는 1,500년 이상 잊힌 문자였어. 그러다 로제타석을 발견하면서 이집트 상형 문자의 비밀을 풀었지. 로제타석은 프톨레마이오스 5세가 왕이 된 것을 축하하려고 만들었어.

그런데 신기하게도 이 비석에는 같은 내용의 글이 세 가지 문자로 새겨져 있었어. 맨 위에는

나폴레옹 원정대는 로제타 강어귀에서 세 가지 종류의 문자가 새겨진 비석을 발견했다. 이 비석이 로제타석이다. 로제타석의 발견으로 이집트 문자를 해독할 수 있게 되었다.

일하는 이집트 인 농부. 농부들은 소에 쟁기를 달아 땅을 일구었고, 밀, 보리, 과일 등을 재배했다.

이집트 상형 문자가, 가운데에는 이집트 백성이 쓰는 문자가, 그 아래에는 그리스 문자가 새겨져 있었지. 어느 프랑스 학자가 세 글을 비교해서 연구했고, 엄청난 노력 끝에 비로소 이집트 상형 문자의 비밀을 풀었단다.

메소포타미아의 쐐기 문자가 약 2,000년이 넘는 기간 동안 천천히 발전해 나간 데 견주어, 이집트 상형 문자는 기원전 3100년 무렵에 갑자기 거의 완전한 형태로 나타나 많은 호기심을 불러일으켰어. 이집트 안에서 인구가 늘어나고 바깥에서도 사람들이 들어오면서 이웃 문명이 문자를 쓰는 것에 영향을 받은 것으로 짐작해. 이렇게 생겨난 이집트 상형 문자는 이집트 문화 발전에 큰 영향을 끼쳤지.

가령, 피라미드 건설 같은 큰 공사를 진행하려면 일할 사람도 많이 데려와야 하고, 제때에 물품을 대고 세금도 잘 거두어야 했지. 이럴 때 이집트 사람들은 문자를 이용해 이런 일을 효율적으로 처리했어.

최초의 국제 평화 조약을 맺다

앞에서 말한 대로 고왕국 말기가 되면서 이집트에서 왕의 힘이 많이 약해졌어. 이 시기에는 중앙의 힘을 보여 주는 왕실 건물과 새김글이 없는 대신, 지방을 다스리는 총독의 무덤이 화려해지고 많아지지. 가뭄이나 흉년으로 먹을거리가 부족해지자, 경제력도 약해져 사회 문제가 많이 생겼어. 그러면서 이집트 역사의 중간기 중 첫 번째 시기에 접어든단다.

이 혼란기를 수습한 사람은 상부 이집트 테베 지역에서 활동하던 아메네메스 1세였어. 12왕조를 연 아메네메스 1세는 피라미드를 건설하고 군사력을 키우는 등 국가의 기초를 닦았어. 또 수도를 멤피스로 옮기고, 공동 통치 제도를 만들어 왕권을 안정시켰어. 이때를 중왕국 시기라고 해.

공동 통치 제도
왕이 죽기 전에 다음 왕을 미리 즉위시켜 일정 기간 동안 나라를 같이 다스리는 제도를 말한다.

300년가량 이어진 중왕국은 그 후 약 200년에 이르는 두 번째 중간기로 접어드는데, 이때가 이집트 역사에서 특별한 시기야. 이집트는 시나이 반도로 이어지는 길 말고는 들어갈 수 있는 길이 거의 없었어. 나일 강 양쪽은 사막이고, 남쪽은 고지대이며, 북쪽은 바다라 바깥 나라들과 통하기 어려운 지형이었지. 그래서 외부 세력의 위협이 거의 없었어.

그런 이집트가 역사상 최초로 힉소스라는 외부 세력의 지배를 받게 돼. 이 세력은 시리아와 팔레스타인 지역에서 왔을 것으로 짐작해. 힉소스는 나일 강 삼각주 동쪽에 수도를 세우고, 두 번째 중간기의 혼란을 수습하며 이집트 전 지역을 다스렸어.

기원전 16세기 중반에 등장한 18왕조는 힉소스를 몰아내며 신왕국 시대를 열었어. 이들은 북부 시리아부터 남부 시리아와 레바논 지역까지 영토를 넓혀서 다스렸어. 가히 제국이라 불릴 만한 세력이었지.

이 광대한 영토에서 나오는 풍요는 이집트의 정치, 경제, 사회를 발전시켰고, 이집트 역사상 최고의 전성기를 누리게 했어. 왕은 강력한 권력을 가지고 전쟁을 이끄는 뛰어난 전사이자 이집트의 적을 쳐부수는 지배자가 되었단다.

신왕국 시기의 왕 가운데 가장 유명한 인물은 19왕조의 람세스 2세야. 그는 이집트 최초로 동방의 강대국인 히타이트 제국과 전쟁을 벌였어.

기원전 13세기 중반에 람세스 2세는 시리아 남부의 카데시에서 벌어진 전투에 나가 당시의 히타이트 왕 무와탈리 2세와 싸웠어. 하지만 양쪽 다 이기지 못했지.

이집트와 히타이트의
평화 조약 비문.

결국, 람세스 2세는 무와탈리 2세의 뒤를 이은 하투실리 3세와 전쟁을 끝내는 평화 조약을 맺고, 히타이트의 왕녀를 아내로 맞이했어. 카데시 전투는 두 나라의 기록에 모두 남아 있는데, 이때 맺은 평화 조약은 세계 역사 최초의 국가 간 평화 조약이야. 이 뜻깊은 조약의 비문은 현재 유엔 본부 건물에 사본이 전시되어 있단다.

히타이트와의 전쟁을 마무리하면서, 이집트는 영토를 넓힐 욕심을 버렸어. 밖으로는 결혼 동맹 등을 통해 국경을 안정시키고, 안으로는 나라 살림에 관심을 돌려 수도를 옮기고 신전을 세우는 등 사회와 문화 발전을 이루었지.

하지만 올라갈 때가 있으면 내려갈 때가 있는 법. 크게 번성했던 이집트 신왕국은 20왕조에 이르러 왕위 계승 문제, 흉년, 국경 문제 등으로 점차 힘과 영토를 잃게 되었어. 결국 이집트는 기원전 11세기 초에 분열이 일어나면서 세 번째 중간기로 들어가게 되고, 아시리아와 페르시아의 지배를 받는 오랜 쇠퇴기에 접어든단다.

사자의 서

보소서, 당신의 이름은 정의의 신이시니 제가 여기 왔나이다.
저는 당신에게 진실만을 말하며 거짓을 다 버리겠습니다.

나는 사람에게 나쁜 짓을 하지 않았습니다.
나는 가축을 괴롭히지 않았습니다.
나는 신의 이름을 더럽히지 않았습니다.
나는 신들의 금기를 깨지 않았습니다.
나는 다른 사람을 울리지 않았습니다.
나는 사람을 죽이지 않았습니다.
나는 사람을 죽이라고 명령하지 않았습니다.

『사자의 서』는 저승 세계에 관한 안내서로, 고대 이집트에서 죽은 사람과 함께 묻었다. 죽은 사람은 저승 세계를 다스리는 오시리스 신 앞에 서게 되는데, 영원한 행복을 얻으려면 살아서 한 일 중에 잘못이 없음을 말해야 했다. 위의 글은 『사자의 서』 125장의 첫 부분으로, 자신이 잘못한 일이 없음을 고백하는 대목이어서 '부인(否認) 고백'이라고 한다.

모 둠 전 시 관

투탕카멘의 황금 유물

이집트 사람들은 죽은 후의 세상이 있다고 믿었어. 그래서 파라오가 죽으면 육신이 상하지 않게 미라로 만들고, 무덤에는 파라오가 생전에 쓰던 물건들을 같이 넣어 주었지. 죽은 뒤에도 그것들이 필요하다고 생각했거든.
투탕카멘의 무덤에서는 무엇이 나왔는지 살펴보자.

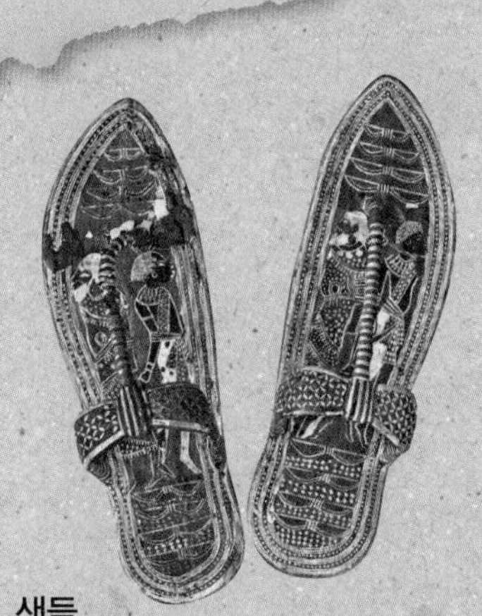

샌들

바닥에는 피부가 검은 누비아 인과 수염을 기른 아시아 인이 밧줄에 묶인 모습이 그려져 있어. 왕이 걸을 때마다 이들을 짓밟는다는 의미가 담겨 있지.

황금 부채

전차를 탄 왕이 타조를 향해 활시위를 당기는 모습이 묘사되어 있어. 부채의 다른 면에는 투탕카멘이 사냥을 좋아하며, 황소처럼 강인하다는 내용이 적혀 있단다.

황금 마스크

기원전 14세기 18왕조의 후손인 투탕카멘은 열여덟의 젊은 나이에 사고로 죽었어. 투탕카멘이 파라오로 지낸 기간은 8년밖에 되지 않았지만, 무덤에서 나온 아름다운 부장품 때문에 이집트의 어떤 파라오보다 유명해졌단다. 투탕카멘 미라의 머리 위에 씌워 있던 황금 마스크는 무게가 무려 11킬로그램이나 된대.

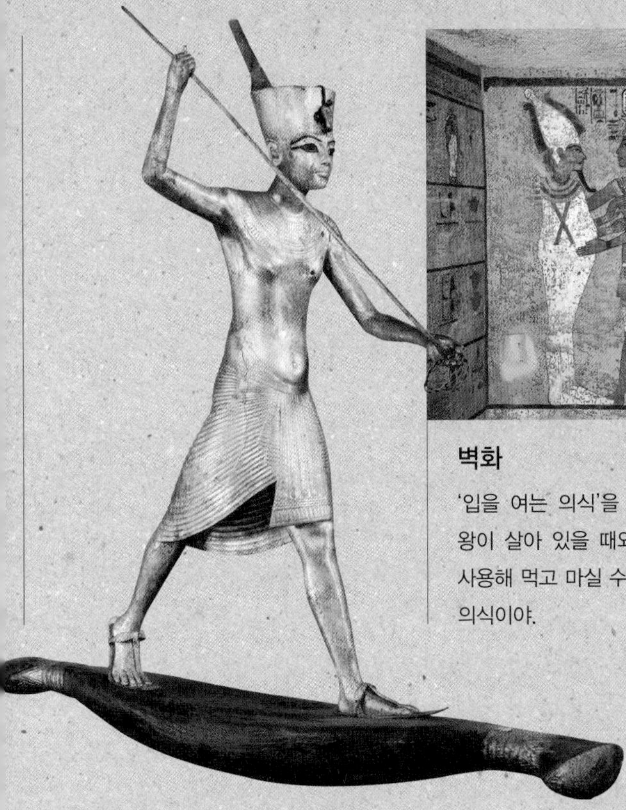

벽화

'입을 여는 의식'을 묘사한 벽화야. 죽은 왕이 살아 있을 때와 마찬가지로 오감을 사용해 먹고 마실 수 있도록 해 주는 의식이야.

보트를 탄 투탕카멘

배를 타고 작살을 던지는 모습이야. 왼손에 들고 있는 청동제 올가미는 던지면 풀려 나가는 작살 줄이지.

아누비스

이동식 사당의 뚜껑 위에 앉아 있는 아누비스란다. 아누비스는 영혼의 안내자이며, 장례식과 시체를 지키는 신이야.

무덤 발굴 현장

3,000여 년의 봉인이 풀리다

1923년 고고학자 하워드 카터(사진 왼쪽)와 그의 후원자 카나번 경이 입구의 벽돌을 치우자 순금으로 된 벽과 맞닥뜨렸어. 투탕카멘의 관을 싸고 있는 사당이었지. 마침내 3,300년이라는 시간의 봉인이 풀리는 순간이었어.

그후 10여 년 동안 하워드 카터는 보물들을 분석하고 분류해 박물관에 전시했어. 투탕카멘의 보물은 전 세계 사람들을 놀라게 했지. 아무도 예상하지 못한 일이었다고 해.

파키스탄 신드에 있는 고대 도시 모헨조다로 유적지.

인더스 강을 따라 펼쳐진 기름진 땅에 터를 잡고 인도에서 최초로 화려하게 꽃을 피운 인더스 문명은 1850년에 철도를 놓기 위해 땅을 파다가 우연히 발견되었어. 1921년부터 본격적으로 발굴하기 시작해 수십 년에 걸쳐 한반도의 다섯 배가 넘는 넓은 지역을 조사했지. 그렇게 해서 우리에게 '인더스 문명'이 소개되었단다.

기름진 땅에 핀 꽃, 인더스 문명

정교한 도시를 만들다

기원전 3000년 무렵부터 북쪽의 히말라야와 남쪽의 데칸 고원을 울타리로 하는 드넓은 평야에 사람들이 자리를 잡고 살기 시작했어. 평야의 서쪽으로는 인더스 강이 흐르고 있었지. 이들은 인더스 강을 아주 잘 이용해 고대 문명을 꽃피웠단다. 이들이 남긴 문명을 인더스 문명이라고 해.

인더스 사람들은 강물이 쌓아 놓고 간 기름진 땅에 농사를 지었고, 강물을 따라 오르내리며 주변의 다른 문명과 왕래했어. 강의 하류로 나가면 바다를 통해 걸프 만, 메소포타미아, 홍해, 이집트까지 갈 수 있다는 것도 알았고, 강의 상류를 따라 올라가면 육로로 중앙아시아와 중동 지방까지 갈 수 있다는 것도 알았지. 그래서 메소포타미아 문명과도 자주 교류했어.

그런데 어찌 된 일인지 그들이 누린 삶은 5,000년이 넘는 시간 동안 땅속에 묻혀 있다가 '하라파'라는 고대 도시가 발견될 때에야 비로소 세상에 모습을 드러냈어. 하라파에 도시를 이루고 살았던 사람들이 이룬 문화를 하라파 문화라고 하지.

하라파를 시작으로 이들이 만든 여러 도시가 잇달아 세상에 소개되었어. 그중 모헨조다로와 하라파가 가장 대표적이야.

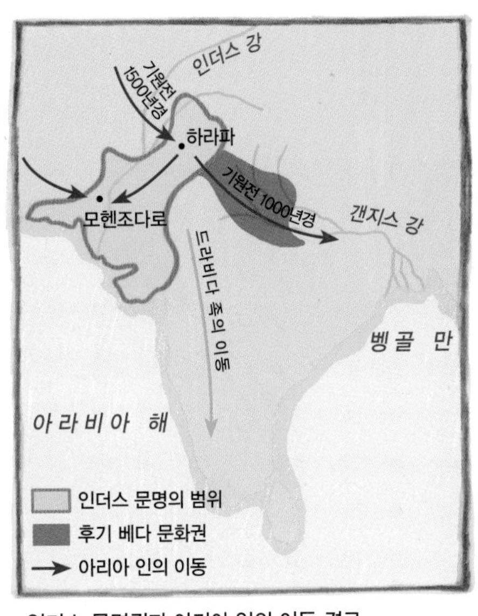

인더스 문명권과 아리아 인의 이동 경로

인더스 사람들은 도시 계획에 뛰어났어. 도시를 세우기 전에 먼저 밑그림을 그렸고, 밑그림에 따라 도시 전체로 통하는 교차로를 가로와 세로로 여러 개 뚫었지. 그렇게 하면 도시가 자연스럽게 여러 구역으로 나뉘거든. 그런 다음 작은 도로를 내고, 쓰레기 모으는 곳을 만들고, 우물을 파고, 하수 시설을 만들었어. 생활 하수는 배수로를 통해 집 밖으로 빠지게 하고, 배수로는 큰 벽돌로 덮어 도로를 따라 처리장으로 흘러가게 만들었단다. 도로는 쓰임새에 따라 폭을 다르게 했어. 수레가 지나다니던 도로의 폭은 10미터나 되었지.

그다음엔 주거지를 나누었어. 인더스 사람들은 지위에 따라 사는 지역과 집의 크기가 정해져 있었거든. 일반 사람들이 사는 주택 단지는 동쪽의 낮은 지역에 앉혔어. 두 줄로 나란히 붙여서 지은 작은 집들은 길 쪽 벽에 창을 내었지.

모든 집에는 네모반듯한 마당이 있고, 배수 시설을 갖춘 욕실이 있었어. 도시의 서쪽에는 높은 언덕을 만들어 그 위에 다시 높은 성벽을 빙 둘러 쌓았단다. 그 성 안에 지배자들이 사는 집과 공공 건물, 제사를 지내는 재단을 세웠어. 높은 곳에서 아래를 내려다보며 도시를 다스린 거지. 집은 크기나 위치에 관계없이 모두 나무와 벽돌로 지었어. 인더스 강 주변의 숲에서 목재를 가져다가 뼈대를 세우고 일정한 크기로 벽돌을 구워서 집 짓는 데 사용한 거야.

인더스 사람들이 세운 대표적인 건물은 모헨조다로에 있는 대목욕장과 하라파에 있는 곡물 창고야. 모헨조다로의 대목욕장도 구운 벽돌로 지었어. 대목욕장 둘레에는 복도를 만들었고, 복도를 따라 방을 만들었지. 바닥은 물이 새지 않게 처리했고, 사용한 물은 배수로를 통해 지하로 빠지도록 설계했어. 정치나 종교 지도자들은 목욕장 양쪽에 있는 계단을 따라 내려가 몸과 마음을 깨끗이 씻고 방으로 올라가 제사 드릴 준비를 했단다.

하라파의 곡물 창고는 강가에 있어. 곡물을 배로 쉽게 운반하려고 강가에 지었는데, 홍수 때 피해를 보지 않으려고 높은 지대에 단을 만들고 그 위에 창고를 세웠지. 그리고 내부를 여러 칸으로 나누어 곡식을 저장했어.

모헨조다로는 정교하게 지어진 계획도시이다. 일정한 크기로 구운 벽돌로 성벽과 도로를 만들고 대목욕장과 주거지, 배수로와 수세식 화장실 등을 만들었다.

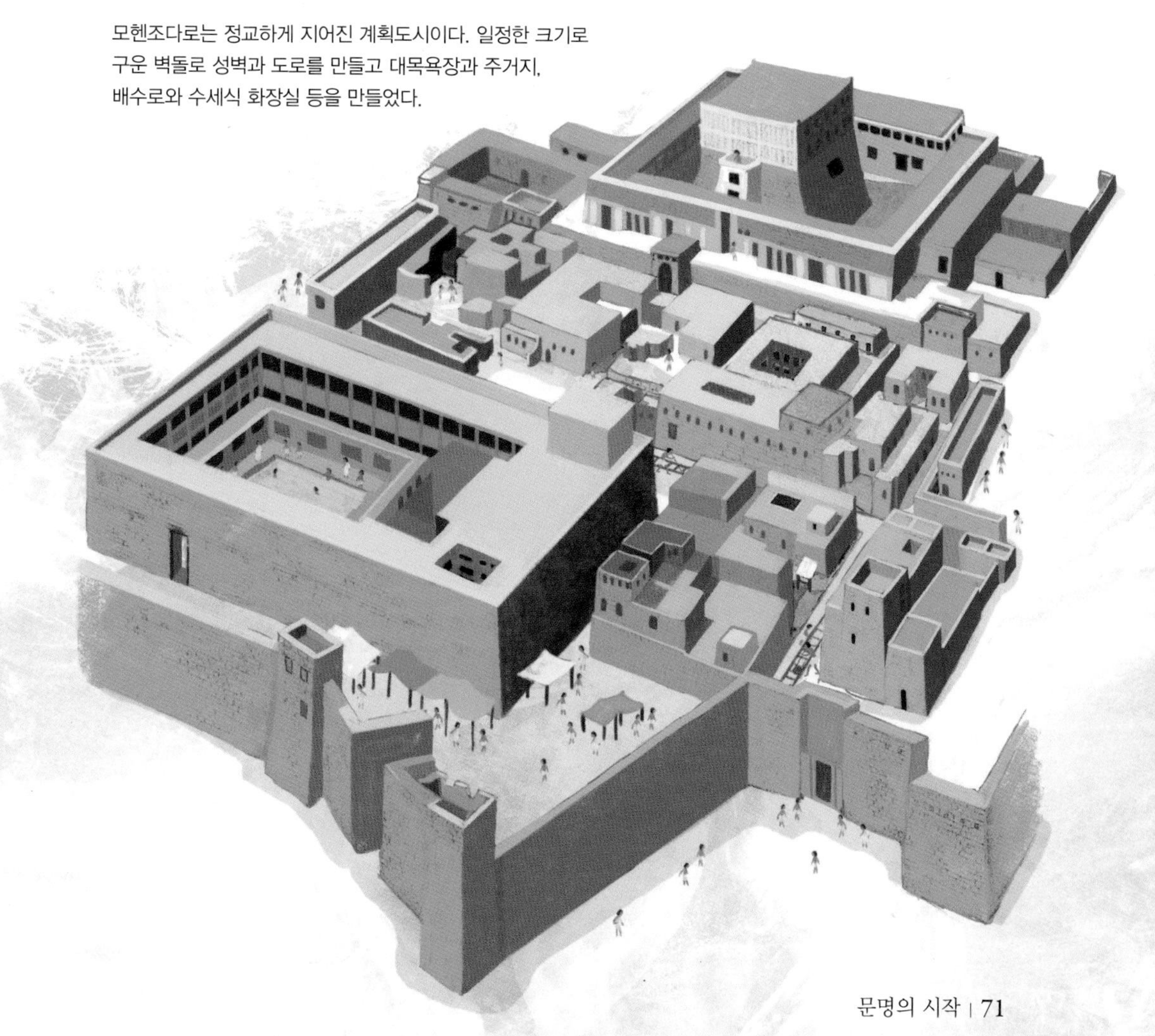

창고 아래쪽에는 알곡을 털어 내거나 찧고 껍질을 벗기는 일을 할 수 있도록 작업장을 둥글게 연이어 만들어 놓았어. 작업장 돌 틈에 끼어 있던 보리와 밀이 우리에게 그 사실을 말해 주고 있단다.

농경신을 모시다

모헨조다로 유적에서 발견된 소 문양과 그림 문자가 새겨진 인장.

이렇게 훌륭한 도시를 건설한 인더스 사람들은 밖으로 눈을 돌렸어. 조선소에서 만든 배에 상품을 싣고 다른 나라를 찾아갔지. 상품에는 소유자나 생산자를 표시하는 인장을 찍었고, 무게를 다는 저울과 추, 크기를 재는 자를 이용해 정확한 단위로 상품을 거래했어. 그들이 가지고 간 상품은 무명실과 양털실, 그 실로 짠 옷감 그리고 구슬, 금, 은, 상아 같은 보석으로 만든 목걸이와 팔찌, 반지 같은 장신구들이야. 그중에서도 면 옷감은 '신돈'이라는 말을 그리스 어 사전에 남길 정도로 유명했어.

무역할 때 쓴 인장들은 인더스 강 유역과 메소포타미아를 비롯해 인더스 사람들과 교역했던 여러 나라에 아직까지 남아 있단다.

진흙으로 구워 빚은 지모신.
지모신은 다산과 풍요를 상징한다.

인장에는 갖가지 문양과 그림 문자를 새겨 넣었어. 인장의 문양은 대부분 사람들의 생활과 관계 깊은 동물들이야. 코끼리, 호랑이, 물소 들이지. 그리고 상상 속 동물이 새겨진 인장도 있어. 나무, 배, 요가하는 남자를 새긴 인장도 있지. 이 남자는 지금도 인도에서 쉽게 볼 수 있어. 많은 사람이 예배를 드리는 시바 신의 원래 모습이거든.

인더스 사람들은 시바 신 말고도 다산을 상징하는 어머니신地母神으로 대지를 섬겼어. 그래서 진흙으로 빚어서 구운 지모신을 만들기도 했지. 지모신의 배에서 식물이 자라나는 모습도 있고, 풍년이나 다산을 비는 마음으로 가슴이나 허리, 엉덩이를 과장되게 표현한 여신상도 만들었어. 땅에 씨를 뿌려 많은 곡물을 거두는 것이 농사짓는 사람들한테는 가장 큰 소망이니까 그렇게 했겠지.

지모신과 시바 신은 모두 농경 생활에서 풍요를 상징하는 신인데, 인더스 문명 때부터 시작된 이 믿음은 오늘날 힌두교에서 고스란히 자리를 잡았어.

이렇게 같은 시대의 다른 문명권에 견주어 독특한 문화를 일구고 번영했던 인더스 문명 사람들은 어느 순간 역사의 무대에서 사라져 버렸어. 그런데 1,200여 년 동안 인더스 강을 중심으로 살아가다가 왜 갑자

춤추는 시바 신. 힌두교 신화에 나오는 신으로 원래는 부와 행복을 의미하는 신이었으나, 나중에 창조와 파괴의 신이 되었다. 10개의 팔과 4개의 얼굴을 가졌고, 눈은 셋이고 용의 독을 마셔 목이 검푸르다.

기 사라져 버렸는지는 확인할 기록이 없어. 아리아 인의 침입 때문이라거나 자연재해 때문일 거라고 짐작할 뿐이지. 앞으로 인도의 옛 문자를 풀이하거나 새로운 유물이나 유적을 발견한다면 더 확실한 인도의 고대 역사를 알 수 있을 거야.

아리아 인이 몰려오다

인더스 문명의 보금자리였던 인더스 강 유역에 아리아 인이라는 새로운 사람들이 들어와 자리를 잡았어. 아리아 인은 원래 중앙아시아에 살았는데, 기원전 2000년쯤에 살던 곳을 떠나 유럽과 남쪽 아시아로 들어갔어. 그리고 기원전 1800년 무렵에는 다시 힌두쿠시 산맥을 넘어 서북 인도에 들어가 인더스 강 상류 펀잡 지방에 자리를 잡았지.

아리아 인은 하늘, 땅, 비, 바람 등을 신으로 섬겼어. 이들이 신을 떠받들고 기리는 글을 모아 놓은 브라만교의 경전을 '베다'라고 하는데, 기원전 1500년부터 기원전 600년까지 베다를 완성했다고 해서 이 시기를 '베다 시대'라고 해.

이리저리 옮겨 살던 아리아 인은 긴 여정을 끝내고 정착해 농사를 짓고 가축도 길렀어. 그리고 수로를 만들어 물을 끌어다 쓰고 거친 땅을 일궈 농사지을 땅을 마련했지. 철로 만든 쟁기와 농기구를 이용하면서 수확량도 늘었어.

그런데 이렇게 정착하려면 그 지역에 먼저 뿌리내리고 살던 선주민을 밀어내야 하니 전쟁을 피할 수 없었단다. 때로는 먼저 들어와서 자리 잡은 아리아 인 부족과도 충돌해야 했지.

아리아 인들은 신에게 도움을 구했어. 그래서 『리그베다』 찬가에는 수많은 신에게 올리는, 복을 내려 달라는 기도가 많이 실려 있단다. 그중에는 최고의 신인 인드라에게 드리는 기도가 가장 많아. 인드라는 아리아 인 전사들을 이끌고 싸움터에 나가 적을 무찔러 승리를 이끄는 전쟁의 신이거든. 인도에 들어온 아리아 인은 적에게는 없는 철제 무기를 이용해 전쟁에서 이겼고, 성공적으로 인도 땅에 정착했단다.

인도에 정착한 아리아 인의 사회를 한번 들여다볼까? 아리아 인 사회의 기본은 가족이었어. 필요할 때에는 씨족이나 부족으로 뭉쳤지. 아직 국가라는 개념은 없었지만, 부족 회의를 이끌어 가는 부족장을 왕이라고 불렀어. 그리고 전쟁 때는 승리를 빌고 평소에는 복을 비는 제사를 드리는 사제가 있었지.

자주 전쟁을 치르다 보니 전사들을 이끌고 싸움에 나서는 왕과 승리를 기원해 주는 사제의 임무가 점점 중요해졌어. 승리로 얻은 전리품으로 경제적 힘까지 얻은 그들은 각각 사제 계급과 왕으로 자리를 잡았지. 전쟁에서 진 사람들은 노예가 되었어.

사제, 왕, 노예, 이 세 계층을 제외한 사람들이 농업이나 목축업, 상업에 종사하는 평민이야. 이렇게 해서 사제, 왕, 평민, 노예로 이루어진 네 계급 제도의 밑그림이 그려진 거야.

이런 계급 구분과 함께 지배자가 된 아리아 인의 밝은 피부색과 노예 신분으로 떨어진 선주민의 짙은 피부색을 구별하는 '바르나'라는 말이 생겨났어. 바르나는 곧 자유인과 노예를 구분하는 말이 되었고, 자유인은 사제, 왕, 평민으로 나

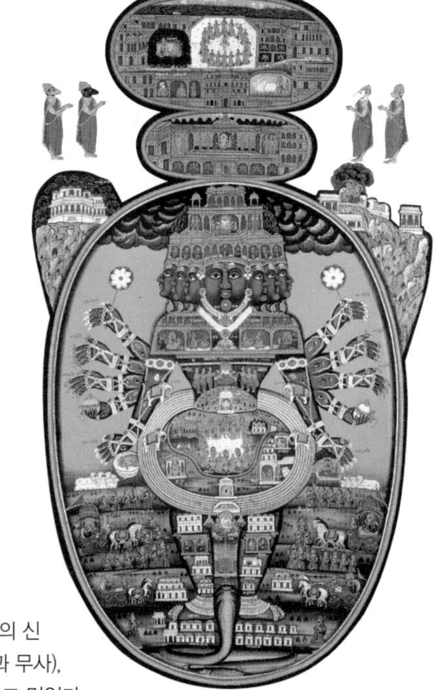

카스트의 기원을 설명하는 그림. 인도인들은 창조의 신 브라흐마의 입에서 브라만(사제), 팔에서 크샤트리아(왕족과 무사), 허벅지에서 바이샤(평민), 발에서 수드라(노예)가 나왔다고 믿었다.

뉘면서 계급을 나타내는 말로 굳어지기 시작했지. 이 바르나가 나중에 '카스트'라는 말의 유래가 돼.

사회가 복잡하게 나뉘고 인구가 늘면서 아리아 인은 점점 남쪽과 동쪽으로 땅을 넓혀 나갔어. 갠지스 강과 야무나 강의 상류 지역을 중심으로 동쪽과 남쪽까지 뻗어 나갔지.

카스트

사제, 왕과 귀족, 평민, 노예를 기본으로 하는 인도의 계급 제도. 16세기에 포르투갈이 인도를 식민 지배할 때, 인도 사회의 엄격한 신분 제도를 '카스트'라고 이른 데서 유래하였다. 카스트는 포르투갈 말로 '계급'이라는 뜻이다.

아리아 인은 종교 경전인『리그베다』에 이어『야주르베다』,『삼마베다』,『아타르바베다』를 완성했어. 또 종교와 역사를 소재로 한 이야기를 시 형식으로 늘어놓는 서사시 문학이 등장해. 그리고 아리아 인은 크고 작은 나라를 세워 더불어 살다가 하나로 뭉쳐 통일을 향해 나아간단다.

리그베다

인드라는 하늘과 땅의 주인이시며 산과 바다의 주인이십니다.
인드라는 번영하게 하시는 분이며 현명하신 분입니다. 쉴 때나 일할 때나 당신에게 간청합니다.

인드라여! 낮과 밤보다 더 크시고, 자손을 주시며, 이 땅의 경계를 넘으시고 바람이 닿는 곳보다 더 멀리 가시며, 강보다 우리의 나라보다 더 넓은 분이시여!

전리품이 쌓여 있는 싸움터의 최고 영웅이며 행운을 주시는 인드라여!
우리의 간절한 소원을 들으시고 전쟁터에서 도움을 주시며 브리타스를 죽이고 전리품을 모으시는 능력자여!

『리그베다』에 실린 '인드라에게 바치는 노래'이다. 인드라는 원래 자연신인 폭풍의 신이었으나 차츰 의인화되어 초월적인 신이 되었다. 또 우주의 영원한 법의 신이 되기도 했고, 세상의 법과 질서를 주관하는 신이 되기도 했다. 그러다 후기 베다 시대에는 인드라가 어디에 있는지, 정말로 살아 있는 존재인지에 대해서 의심을 품기도 했다.

황허 강 유역의 비옥한 농경 지대.

사람들이 농사를 짓기 시작하면서 문명이 발생했다고 했지. 황허 문명도 마찬가지야. 사람들은 황허 강 주변에서 농사를 지으면서 문명을 일구었어. 중국의 지도를 들여다봐. 황허 강 말고도 남쪽에는 양쯔 강, 북쪽에 랴오허 강이라는 큰 강이 있어. 이들 강 주변에도 문명이 생겼을 것 같지 않아? 그런데 왜 황허 문명이라고 할까?

황토와 강물의 축복, 황허 문명

문명이 시작되다

중국 신화에서는 '반고'라는 신이 뒤죽박죽 섞여 있는 세상을 하늘과 땅으로 나누고, '여와'라는 신이 진흙으로 사람을 만들었다고 해. 뒤이어 수인씨, 복희씨, 신농씨 이들을 삼황이라고 해가 각각 인간에게 불 쓰는 법, 목축과 사냥하는 법, 농사짓는 법을 가르쳤대. 그리고 황제, 전욱, 제곡, 요, 순 임금이들은 오제라고 해이 여러 제도를 마련해 백성을 잘 다스렸다고 하지.

그런데 한 가지 근심거리가 있었어. 황허 강의 물이 넘쳐 많은 백성이 피해를 보았거든. 그때 우임금이 산을 깎고 제방을 세워 강물을 막고 하나라를 세웠다고 해.

이렇듯 중국의 고대 신화에는 중국 문명이 탄생하는 과정이 담겨 있어. 그런데 신화는 믿을 수 있는 이야기일까? 문명은 농경에서 시작되니까 초기 농경의 흔적을 찾으면 신화가 사실인지 확인할 수 있겠지. 그래서 일찍이 고고학자들이 그 흔적을 찾아다녔단다.

1921년 허난 성 양사오에서 토기를 발견했어. 토기는 곡식을 저장하는 도구니까 사람들이 농사를 지었다는 증거가 되겠지. 토기의 연도를 알아보니 어림잡아 기원전 5000년에서 2500년으로, 신석기 시대의 것이었어. 그래서 황허 강 중상류 지역의

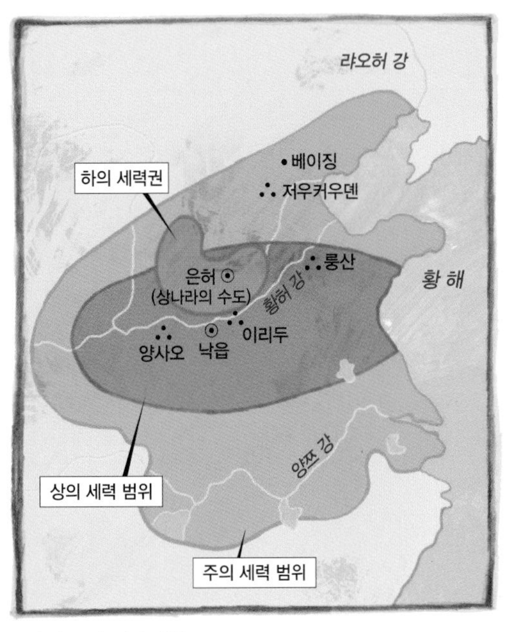

하·상·주의 세력 범위

양사오에서 발굴된 신석기 문화를 '양사오 문화'라고 부른단다.

이곳은 비가 많이 내리지 않아 농사짓기에 유리하지는 않았지만, 황허가 크게 굽어지는 곳이라 강물이 싣고 온 많은 황토가 쌓였어. 그래서 물이 많이 필요하지 않은 조나 수수를 재배했지.

비슷한 시기에 황허 중하류 산둥성 일대에서 하얀색 토기를 사용한 '다원커우 문화'가 만들어졌고, 이보다 좀 늦은 기원전 3000년 무렵에 검은색 토기를 사용한 '룽산 문화'도 생겨났단다.

한편, 남쪽의 양쯔 강 유역은 따뜻하고 비가 많이 와 물이 풍부하단다. 이곳에서 기원전 5000년 무렵의 것으로 보이는 볍씨 껍질과 쌀 모양이 새겨진 토기가 발견되었어. 신석기 시대의 벼농사 흔적을 찾은 거지. 이를 '허무두 문화'라고 하는데, 이곳은 중국뿐 아니라 동아시아에서도 벼농사를 처음 시작한 곳일 가능성이 있다고 해.

룽산 문화 토기(왼쪽)와 양사오 문화 토기(오른쪽).
토기는 지역에 따라 모양이나 무늬가 다르게 발전했다.

북쪽 랴오허 강을 중심으로 한 내몽골과 랴오닝 지역에서도 '훙산 문화'라는 신석기 문화가 발견되었어. 이곳에서는 돌을 쌓아 무덤을 만들고, 도장을 찍은 듯한 무늬가 있는 토기와 검은 무늬가 그려진 붉은 토기 등을 사용했다는구나.

농사를 짓기 시작하면서 수확량에 차이도 생기고, 부유한 사람과 가난한 사람이 생기기도 했어. 게다가 홍수나 가뭄이 들면 농사를 망치게 되니 사람들은 자연을 두려워했지. 그래서 모든 사물과 자연 현상에 신이 있다고 믿고, 농사가 잘되게 해 달라고 신에게 제사를 지냈어.

신석기 문화가 형성된 황허 강, 양쯔 강, 랴오허 강 지역에서도 기원전 2000년 무렵 사용했던 청동과 옥, 흙 등으로 만든 각종 제사 도구가 발견되었어. 이제 청동기 시대로 들어선 거지. 제사는 제사장만 지낼 수 있었어. 제사장은 신과 대화할 수 있는 능력을 가진 사람이었고 통치자이자 '왕'이었단다.

중국 신화에서 황허가 넘치는 걸 막았던 우임금이 하나라를 세웠다고 했지? 역사책 『사기』에도 하나라는 1대 우왕부터 17대 걸왕까지 500년 가까이 지속되었다고 기록하고 있어.

고고학자들은 하나라의 흔적을 열심히 찾아다녔고, 결국 황허 강 유역의 허난 성 이리두 지역에서 기원전 2000년 무렵의 것으로 보이는 각종 제사용 청동기와 궁전, 성벽 터를 발견했단다.

그런데 문자가 확인되지 않아 하나라의 유적이라고 단정할 순 없어. 다만 궁전과 성벽이 있었던 것으로 보아 기원전 2000년 무렵에는 중국에 '국가'가 나타나기 시작했다고 말할 순 있지. 그리고 그 국가가 하나라일 가능성도 있고.

조상 숭배 사상이 발달하다

모두가 인정하는 중국 최초의 국가는 상나라은나라라고도 해야. 『사기』에는 기원전 1600년 무렵 탕왕이 하나라의 폭군 걸왕을 몰아내고 상나라를 세웠다고 적혀 있어.

상나라 왕은 궁금하거나 결정할 일이 생기면 상제에 제사를 지냈다. 상제의 대답은 점괘로 나타났고, 점괘는 왕만 풀이할 수 있었다.

상나라는 30대 주왕까지 이어졌는데, 그 사이 여섯 번이나 수도를 옮겼고, 19대 반경이 옮긴 은허가 마지막 수도였어. 이 은허에서 궁전 터와 왕의 무덤 등이 발굴되었고, 무엇보다 갑골甲骨 문자가 무더기로 발견되어 상나라에 관해 많은 것을 알게 되었어.

갑골 문자는 말 그대로 거북의 등딱지甲나 짐승의 어깨뼈骨를 사용해서 점을 친 후, 점괘를 짐승 뼈에 새겨 넣은 글자를 말해. 내용은 주로 제사에 관한 것이 많았지. 상나라 왕이 섬긴 최고의 신은 상제였는데, 궁금하거나 결정해야 할 일이 생기면 제사를 지내

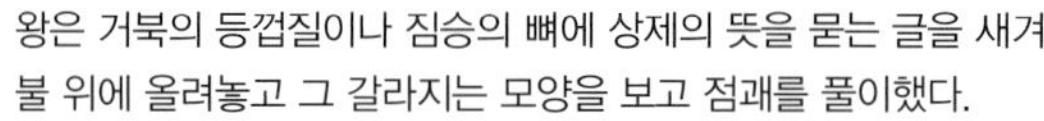

왕은 거북의 등껍질이나 짐승의 뼈에 상제의 뜻을 묻는 글을 새겨 불 위에 올려놓고 그 갈라지는 모양을 보고 점괘를 풀이했다.

그 답을 상제에게 물었어. 점괘가 곧 상제의 대답이었고, 이것은 제사장인 왕만 풀이할 수 있었지.

상나라에서는 토지나 곡식 같은 자연신에게 제사를 지내는 건 물론이고, 조상신에게 지내는 제사를 매우 중요하게 여겼어. 당시 상나라는 씨족 공동체였기 때문에 조상신에게 제사를 지냄으로써 씨족을 한데 뭉칠 수 있었거든. 그뿐 아니라 전쟁을 해도 되는지, 농사가 풍년일지 흉년일지 같은 나랏일부터 비가 올지, 수렵이나 사냥을 나갈 때 별일이 없을지, 나쁜 일이 생길지, 임신이나 질병 등 사소한 일상생활과 관련된 문제까지 모두 점을 쳐서 결정했어.

이렇게 제사를 지내려면 많은 물자가 필요하겠지? 이런 물자는 지방에서 거두어들였단다. 지방 사람들이 세금으로 바친 수수, 기장, 고량, 조, 벼 등의 곡식과 가축 등이 제사에 쓰였어.

제물을 바친 지역들을 연결하면 상나라의 영토와 상 왕의 힘이 미치는 범위를 짐작할 수 있어. 오늘날의 산둥, 허베이, 산시, 후베이 성 일대가 상 왕이 다스리는 범위였단다.

상나라는 새로운 지역을 차지하면 그 지역의 제사도 자신들이 지냈어. 상 왕은 최고의 제사장으로, 제사를 통해 자신의 권력을 행사하고 사람들을 다스렸어. 이렇게 제사와 정치가 나

상나라는 청동기 문화를 발전시켜 점차 정교하고 질 좋은 청동 제기를 만들었다.

눠지 않은 상태를 제정일치라고 하고, 이러한 정치를 신권 정치라고 해.

오로지 제사에 의지해 나라를 다스리다 보니 상 왕의 권력은 강하지 않았어. 점의 결과를 잘못 해석하면 왕의 권위는 곧바로 떨어지는데, 그럴 위험은 늘 있었거든.

상나라는 관료나 법률 같은 통치 제도가 없었기 때문에 국가로서는 완전하지 않았어. 하지만 조상을 받드는 생각과 제사는 이후에도 이어져 중국, 나아가 동아시아 문화의 특징으로 자리 잡았단다.

봉건제를 시행하다

상나라의 마지막 왕인 주왕은 폭군 중의 폭군이었어. 기원전 1046년에 상나라의 서쪽 회수에 자리한 주나라의 무왕이 주변 나라들과 힘을 모아 상나라를 공격해 무너뜨렸어. 무왕의 뒤를 이은 성왕은 호경이라는 도시를 건설해 옛 상나라 지역을 다스리는 근거지로 삼고, 봉건제를 시행했어.

봉건제란 왕이 직접 다스리는 땅을 제외한 나머지 지역의 땅과 백성을 왕실의 친척이나 신하들에게 나누어 주고 다스리게 하는 제도야. 왕에게 통치권을 받은 친척이나 신하들을 '제후'라고 해. 제후들은 왕으로부터 땅과 백성을 다스릴 권리를 받는 대신에, 왕실에 조공과 세금을 바치고 군사를 지원하는 의무를 졌어. 하지만 제후는 자기가 다스리는 땅 안에서는 자기 마음대로 권력을 휘둘렀지.

이러한 왕과 제후의 관계는, 제후와 그의 신하들 관계에도 그대로 이어졌어. 주나라에는 철저한 신분 질서가 자리를 잡았고, 각 신분마다 지켜야 할 예법이 엄격히 정해졌지. 가령 왕은 하늘에 제사를 지낼 수 있지만, 제후는 자신의 조상한테만 제사 지낼 수 있었어.

주 무왕은 마차를 타고 다니며 백성의 형편을 살폈다.

주나라에서는 맏아들에게 왕위를 물려주었어. 그래서 왕의 형제들은 수도에서 가까운 지역의 제후로 임명되었고, 먼 친척이나 신하들은 수도에서 멀리 떨어진 지역을 다스리게 했지. 맏아들을 중심으로 질서를 잡아 나가는 방식은 제후국에도 그대로 적용되었어.

봉건제는 왕이 제후들에게 땅과 백성을 나누어 주었기 때문에, 크게 보면 주 왕이 모든 토지와 백성을 가졌다는 생각에 근거를 둔 제도였어. 그래서 주나라에서는 '정전제'를 실시하려고 했단다. 정전제는 정사각형의 토지를 우물 정井 자 모양으로 9등분하여 그중 8등분은 여덟 가구가 각각 알아서 농사짓고, 가운데 1등분은 여덟 가구가 함께 농사지어 세금을 내도록 하는 제도야.

과연 땅을 네모반듯하게 똑같이 나눌 수 있었을까 하는 궁금증과 함께 정말로 정전제가 실시되었을까 하는 의문도 있지만, 맹자가 강조했듯이 이 제도는 백성이 편안히 살 수 있는 이상적인 토지 제도인 것만은 확실해. 후대의 많은 학자도 정전제를 시행하자고 주장했거든.

이렇게 주 왕이 모든 토지와 백성을 가질 수 있었던 것은 왕이 하늘의 명령인 천명을 받았다고 생각했기 때문이야. 천명을 받은 주 왕은 덕과 능력을 보장받고, 천하를 다스리는 것이 당연하다고 인정받았어.

이전의 상나라가 제사를 지내는 제사장이 다스린 나라라면, 주나라는 천명이라는 논리로 왕의 권력을 당연한 것으로 만들고, 봉건제와 신분제 등 나라를 다스리는 제도를 마련해 국가의 틀을 다진 나라였단다. 그래서 공자나 맹자를 비롯한 많은 학자가 주나라를 가장 이상적인 국가로 꼽지.

주나라는 핏줄로 이어진 사람들이 나라를 다스렸기 때문에, 처음에는 주 왕실과 제후국 간의 관계가 돈독했어. 그러나 시간이 지나면서 혈연관계도 멀어지고 결속도 약해졌어. 봉건제가 무너지고 있었던 거지. 거기에 여왕과 유왕이 포악하게 나라를 다스리고 왕위 다툼까지 일어났어. 기원전 770년 평왕이 동쪽의 낙읍으로 수도를 옮겨 보았지만, 망해 가는 주나라를 되살리기는 어려웠어.

중국의 문명은 황허 강뿐 아니라 양쯔 강과 랴오허 강 등 여러 지역에서 일어났어. 그런데 이후 등장하는 왕조들의 수도가 대부분 황허 강 유역이지. 그래서 중국 사람들은 옛날부터 황허 강 유역을 '중원'이라고 하면서 중국 문명이 시작된 곳으로 여긴단다.

역사 타임캡슐

갑골문

갑신일에 점을 쳤다. 정인 각이 물었다.

"왕비가 아이를 낳으려는데 기쁠까요?"

왕이 점친 결과를 보고 말했다.

"정丁일에 낳으면 기쁘고, 경庚일에 낳으면 그렇지 않다."

한 달 뒤, 갑인甲寅일에 아이를 낳았는데, 기쁘지 않았다. 딸을 낳았다.

계미일에 점을 치고 각이 물었다.

"앞으로 열흘 동안 재앙이 없습니까?"

왕은 점친 결과를 보고 말했다.

"재앙이 있겠다."

9일째 되는 신묘일에 북쪽에서 재앙이 일어났다. 이민족이 우리 논과 밭을 빼앗고 백성 10명을 잡아갔다.

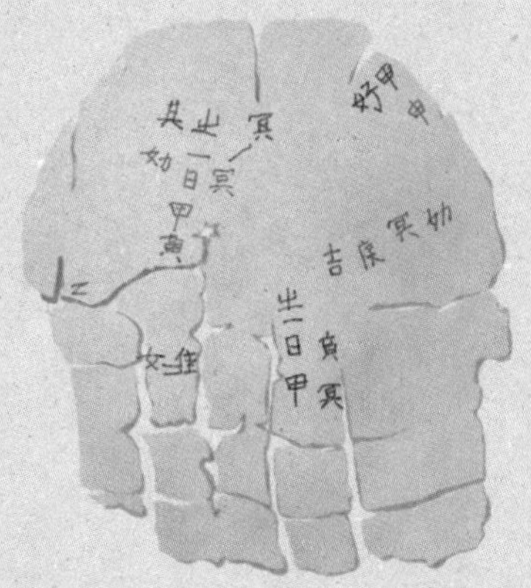

1899년 왕의영이라는 학자가 병에 걸려 한의원에서 '용골(龍骨)'을 사서 끓여 먹다가 그 용골에 글자가 새겨져 있는 것을 발견했다. '갑골문'이 세상에 알려지는 순간이었다.

첫 번째 갑골문은 왕비의 출산을 앞두고, 아들인지 딸인지 점친 내용이다. "기쁠까요?"는 "아들일까요?"라는 뜻이다. 왕비가 정일이 아닌 갑인일에 딸을 낳은 것으로 점이 적중했음을 알 수 있다. 점칠 내용을 묻는 정인(貞人)은 왕을 돕는 신하이자 전문적인 점쟁이며, 점의 결과는 오직 왕만 풀이할 수 있었다.

세계사사전

문명을 만든 사람들

법전을 만든 함무라비 (기원전 1810~기원전 1750)

메소포타미아 유역의 나라들을 통일해 바빌로니아 제국을 세우고 제국으로서의 지배 체제를 정비했다. 메소포타미아 지역의 법령을 정비해 282개 조항에 이르는 '함무라비 법전'을 만들고 돌기둥에 새겼다. 함무라비 법전은 인류가 처음으로 만든 법전이다.

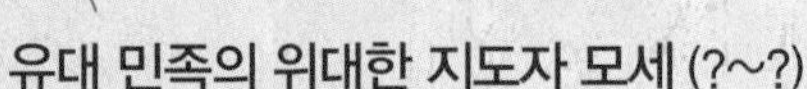

유대 민족의 위대한 지도자 모세 (?~?)

기원전 13세기에 이집트에서 노예로 살던 히브리 인을 데리고 나와 해방시켰다. 시나이 산에서 '십계'를 비롯한 신의 율법을 받아 히브리 인에게 전하여 이스라엘이라는 종교 공동체를 만들었다. 유대교에서는 모세를 가장 위대한 예언가이자 지도자로 받든다.

유다 왕국의 황금시대를 연 솔로몬 왕
(?~기원전 912?)

기원전 10세기 아버지 다윗의 뒤를 이어 왕이 되었다. 원래부터 있던 부족제를 없애고, 전국을 행정 구역으로 나누어 장관을 파견해 다스렸다. 교역이나 문화 교류에 적극적이었고, 다른 민족의 신앙에도 너그러웠다. 예루살렘 성전을 만들었으며, 성서의 「아가」와 「잠언」을 썼다고 전해진다.

솔로몬과 왕비

황허의 물길을 잡고 하나라를 세운 우왕 (?~?)

백성의 근심거리인 황허 강의 범람을 막으려고 오랜 세월 동안 애썼다. 산을 깎고 둑을 쌓았으며, 공사 현장을 바쁘게 돌아다니며 감독했다. 공을 인정받아 순임금은 우에게 왕위를 물려주었고, 우는 나라 이름을 하로 지었다(기원전 2100년 무렵). 우왕은 큰아들에게 왕위를 물려주는 전통을 남겼다.

천명사상을 앞세워 폭군을 내몬 무왕 (?~?)

기원전 1046년 상나라의 폭군 주왕을 물리치고, 주나라를 세웠다. 자신의 왕권을 정당하게 여기도록 하기 위해 '하늘의 명령을 받았다'는 천명사상天命思想을 만들고, 왕은 천자天子가 되었다. 각종 예법을 만들어 윗사람을 공경해야 한다는 규범을 퍼뜨리고, 봉건제를 실시해 제후에게 지방을 다스리게 했다.

역 사 용 어 풀 이

문명(文明 : 글자 문, 밝을 명) 인간이 자연 상태에서 벗어나 사회생활을 위한 기술이나 제도가 발전된 상태. 문명이 생기는 중요한 조건으로 청동기 사용, 문자 발명, 계급 발생에 의한 도시 국가의 출현 같은 것들을 꼽을 수 있다. (47쪽)

도시(都市 : 도읍 도, 시장 시) 사람이 많이 살고 문명이 발달한 곳으로, 일정한 지역의 정치, 경제, 문화의 중심이 되는 장소이다. 시골보다 인공적인 개발이 많이 이루어졌다. (47쪽)

교환(交換 : 사귈 교, 바꿀 환) 서로 바꿈. 서로 주고받고 함. (47쪽)

체제(體制 : 몸 체, 정할 제) 일정한 원리에 따라 정한 사회 질서. (48쪽)

문자(文字 : 글자 문, 글자 자) 생각이나 말, 소리를 눈으로 볼 수 있게 나타내려고 만든 기호이다. 생각이나 말을 문자로 적어 대대로 전할 수 있게 되면서 문명이 크게 발달했다. (49쪽)

사제(司祭 : 맡을 사, 제사 제) 신에 제사를 지내는 일 같은 종교 의식을 맡아 보는 사람. (49쪽)

신분(身分 : 몸 신, 나눌 분) 귀족, 사제, 시민, 노예 등 사람의 사회적인 위치나 계급을 뜻하는 말. 옛날 신분 사회에서는 신분에 따라 주어진 권리와 의무가 다르고, 부모의 신분을 자식이 물려받았다. (49쪽)

총독(總督 : 거느릴 총, 감독할 독) 정해진 구역을 다스리는 직책. 한 나라가 다른 나라를 정복했을 때, 정복지를 다스리도록 중앙에서 내려보낸 사람. (50쪽)

법전(法典 : 법 법, 법 전) 온 나라에서 똑같이 적용되는 규칙이나 규범들을 짜임새 있게 글로 적어 놓은 것. (53쪽)

칙령(勅令 : 타이를 칙, 명령 령) 임금이 내린 명령. (54쪽)

동방(東方 : 동쪽 동, 방향 방) 이란, 메소포타미아, 시리아, 팔레스타인, 아르메니아, 소아시아 및 아라비아와 이집트를 포함한 지방을 가리킨다. 이 지역에서 메소포타미아 문명과 이집트 문명이 탄생했다. (56쪽)

권력(權力 : 권세 권, 힘 력) 남을 복종하게 하거나 지배할 수 있는 권리와 힘. (58쪽)

해독(解讀 : 풀 해, 읽을 독) 어려운 글이나 잘 알 수 없는 암호나 기호의 뜻을 이해하거나 풀이하는 일. (60쪽)

선주민(先住民 : 먼저 선, 머무를 주, 백성 민) 어떤 지역에 먼저 살던 사람. (74쪽)

제후(諸侯 : 모든 제, 후작 후) 봉건 시대에 일정한 영토를 가지고 그 영역 안의 백성을 다스리던 사람. (85쪽)

3 문명 지역의 확대

기원전 770년
춘추 시대가 시작되다.

기원전 753년
로물루스, 로마를 세우다.

기원전 671년
아시리아 제국, 오리엔트를 통일하다.

기원전 612년
신바빌로니아 제국, 아시리아를 정복하다.

기원전 525년
아케메네스 페르시아, 오리엔트를 통일하다.

서아시아의 제국들

유럽 문명의 두 요람

스키타이와 흉노

갠지스의 나라들

춘추전국과 진

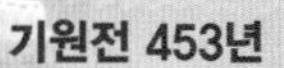

기원전 453년
전국 시대 시작되다.

기원전 400년
마가다 왕국, 갠지스 강 유역을 통일하다.

기원전 334년
알렉산드로스, 동방 원정을 시작하다.

기원전 321년
찬드라굽타 마우리아, 마우리아 제국을 세우다.

기원전 221년
진의 시황제, 중국을 통일하다.

기원전 202년
한의 유방, 중국을 통일하다.

페르시아의 수도 페르세폴리스의 궁전 기둥.

메소포타미아를 중심으로 한 서아시아에는 일찍부터 제국이라 불릴 만한 나라들이 등장했다 사라져 갔어. 기원전 1200년 무렵 철기 문명이 퍼지면서 강한 군사력과 드넓은 영토, 정교한 통치 체제를 가진 더욱 강력한 제국들이 등장했지. 그리고 이 제국들은 이후 서양 역사에 등장하는 많은 제국의 본보기가 되었어.

서아시아의 제국들

제국의 통치 체제를 갖추다

바빌로니아 북쪽에 있는 메소포타미아 서북부 지역은 산이 많아 건축에 쓰이는 석재와 광물이 많이 났어. 철기 시대 서아시아에 등장하는 제국 가운데 가장 먼저 나타난 나라는 바로 이 지역을 중심으로 하는 아시리아였단다.

기원전 12세기 그리스를 포함한 동방 지역에 암흑 시대가 왔어. 말 그대로 깜깜한 시기였지. 마치 이 시기는 누군가 지운 것처럼 역사적 사건이나 문화 발달에 관한 기록이 없어. 그 대신 새로운 시대를 여는 준비 기간이 아니었나 짐작하고 있지.

암흑 시대에 동방 지역에서 가장 먼저 일어난 나라는 아시리아야. 기원전 11세기에 티글라트필레세르 1세라는 걸출한 왕이 나타나 서쪽으로는 아나톨리아 지역과 동남쪽으로는 바빌론 지역으로 땅을 넓히고, 건축과 법률 등에서 문화적 발전을 이루었지. 하지만 왕이 죽은 후 제국은 곧 기울었어.

그러다 기원전 10세기 말에 다시 발전하기 시작해. 아시리아의 왕 샬만에세르 3세는 이후 제국들이 본보기로 삼을 만한 중요한 통치 방식을 남겼어. 그는 제국을 크게 셋으로 나누어 다스렸단다. 직접 다스릴 수 있는 곳은 자신의 통치 체제에 넣고, 아직 힘이 있는 나라들은 속국으로 삼아 해마다 조공을 바치게 했어. 너무 멀거나 힘이

센 국가들과는 물건을 사고팔며 교역을 통한 외교 관계를 맺었지.

그러다가 정복지가 늘어나고 나라의 힘이 세지면서 샬만에세르 3세가 마련한 제국의 통치 체제도 달라진단다. 왕이 정복지에 총독을 보내 그곳을 다스리게 한 거야. 하지만 샬만에세르 3세가 죽자 아시리아 내부에서 반란이 일어나 북방 영토의 많은 부분과 시리아 전체를 잃고 말았어.

아시리아 제국 후기에 눈에 띄는 왕은 반란으로 왕위를 차지한 티글라트필레세르 3세야. 그는 강력한 군대를 만들어 대규모 원정에 나섰는데, 북쪽으로는 우라르투를 물리치고, 서쪽으로는 다마스쿠스, 시리아, 페니키아, 유다를 공격해 이집트 국경까지 세력을 넓히며, 동남쪽으로는 메디아의 일부와 바빌로니아까지 손에 넣었단다.

아시리아의 왕들은 이스라엘을 무너뜨렸고, 이집트 남부의 테베까지 나아가 대제국을 이루었어. 아시리아 전사가 휩쓸고 간 자리에는 남아 있는 것이 없을 정도로 아시리아의 군사력은 엄청났어.

아시리아 사람들은 문화에도 관심을 기울였어. 새롭게 도시를 건설하고 신전과 정원을 지었지. 아슈르바니팔 왕은 메소포타미아의 기록들을 찾아내고 한데 모아 왕립 도서관을 만들었어. 각 지역의 신전으로 서기들을 보내 고대의 기록들을 수집하여 옮겨 적고 모아 놓았지. 도서관의 자료들은 고대 메소포타미아 지역의 역사, 문화, 종교, 사회와 관습에 대한 중요한 내용을 담고 있어서 메소포타미아를 연구하는 데 소중하게 쓰인단다.

하지만 이집트까지 영토를 넓힌 것은 지나친 욕심이었어. 아시리아의 이집트 지배는 수십 년밖에 지속되지 못했거든. 아시리아 제국의 마지막 40년은 전쟁 또 전쟁이었지. 결국, 바빌로니아와 메디아의 연합군에 의해 기원전 612년, 수도인 니네베가 무너지면서 아시리아는 역사에서 사라지게 되었단다.

아시리아의 마지막 수도 니네베를 상상해서 그린 그림. 아슈르바니팔 왕은 니네베에 신전과 정원, 도서관을 지었다.

역사의 악인이 되다

함무라비의 바빌로니아는 소아시아에서 일어난 히타이트 제국에 무너진 뒤 오랫동안 외부 세력의 지배를 받다가 기원전 9세기 이후 아시리아에 정복당했어. 하지만 아시리아의 지배 아래 있을 때에도 바빌로니아는 특별 대우를 받았어. 바빌로니아는 메소포타미아의 오래된 문화 중심지였기 때문이지. 아시리아는 왕과 특별한 관계에 있는 사람을 바빌로니아의 부왕으로 임명해 바빌로니아를 다스리도록 했어.

아시리아가 임명한 바빌로니아의 부왕들은 곧잘 아시리아에 맞서 반란을 일으키곤 했는데, 아시리아의 왕자인 신샤르이쉬쿤도 그랬지. 바빌론의 통치권을 차지하는 데 성공한 신샤르이쉬쿤은 바빌로니아의 독립을 선언하고, 칼끝을 아시리아 제국으로 겨누었어.

기원전 7세기 후반 칼데아 사람들이 주축이 된 바빌로니아는 메디아와 손을 잡고 아시리아를 공격해. 아시리아는 이집트와 힘을 모아 싸웠지만 졌고, 역사에서 사라지게 되지.

이후 바빌로니아는 기원전 605년에 카르케미시 전투에서 이집트를 물리치고 동방의 패권을 쥐었어. 아시리아 제국의 대부분은 바빌로니아가 차지했지. 전통적 중심지인 메소포타미아를 비롯해 시리아, 팔레스타인 지역까지 모두 손에 넣은 거야. 칼데아 인이 중심이 된 이 나라는 신바빌로니아 제국으로 불리며 동방에서 아시리아 제국을 이어받은 후계자가 된단다.

신바빌로니아 제국의 전성기를 이끈 왕은 아들 네부카드네자르 2세였어. 그는 왕자였을 때 이미 아시리아와 이집트에 대한 전쟁을 성공적으로 치렀고, 왕의 자리에 오른 지 얼마 되지 않아 시리아와 팔레스타인으로 싸우러 나가 영토를 넓혔어.

하지만 기원전 601년 이집트를 치는 데 실패하면서 약소국들의 반란에 부딪히는

네부카드네자르 2세는 왕비를 위해 아름다운 공중 정원을 지어 주었다.
정원의 물은 유프라테스 강의 물을 끌어다 썼다고 한다.

데, 그중 하나가 유다 왕국이었어. 반란이 계속되자 네부카드네자르 2세는 유다 왕국을 무너뜨리고 유대인들을 포로로 삼아 신바빌로니아로 끌고 갔어.

이 사건은 역사에서 그를 영원히 악인으로 낙인찍게 만들었어. 이후 유대인들의 성경인 구약성서에 네부카드네자르 2세는 잔인하고 무자비한 왕으로 기록되었고, 신바빌로니아 제국 역시 세상에서 가장 포악하고 못된 나라로 여기게 되었단다.

하지만 네부카드네자르 2세는 능력 있는 왕이었어. 많은 전쟁을 승리로 이끌어 신바빌로니아 제국을 만들었고, 건축과 문화의 발전을 북돋았지. 그는 새로운 궁전을 세우고 성벽과 다리를 건설했으며, 신에게 제사를 지내는 지구라트라는 성탑도 만들었어. 세계 7대 불가사의로 꼽히는 공중 정원도 네부카드네자르 2세의 작품이란다.

신바빌로니아 제국의 마지막 왕 나보니두스는 바빌론의 주신인 마르둑이 아닌 달의 신 신Sin을 섬기고, 아시리아의 전통을 따랐어. 이 때문에 신바빌로니아의 지도자들과 부딪혔지. 결국, 그는 수도인 바빌론을 오랫동안 떠나게 되었고 아들 벨샤자르가 신바빌로니아를 다스렸어.

나보니두스는 페르시아를 공격할 때 다시 바빌론으로 돌아와 나라를 추스르려 했지만, 결국 페르시아의 키루스 2세에 의해 무너지고 말았단다.

세계의 통합을 시도하다

페르시아는 메소포타미아의 동쪽에 있는 파르스 지방, 현재 이란의 남부 지역에서 시작된 나라야. 페르시아는 왕조를 바꾸며 오랫동안 이어졌기 때문에 이 시기의 페르시아는 왕조 이름을 따 아케메네스 페르시아 또는 고대 페르시아라고 한단다.

고대 페르시아가 커 나가던 초기에 가장 분명하고 흥미를 끄는 사건은 당시 아시리아에 이어 동방을 주름잡던 신바빌로니아 제국을 정복한 일이야.

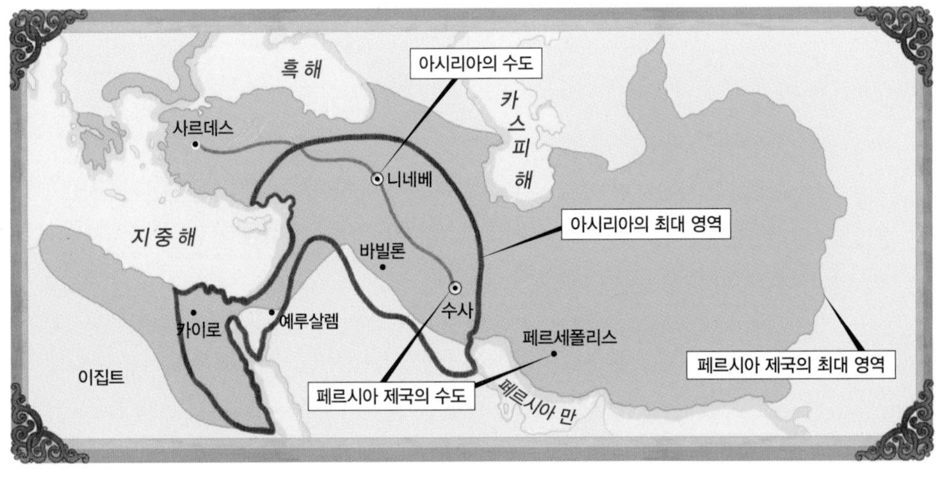

아시리아와 페르시아 제국의 최대 영토

알렉산드로스(왼쪽 말 탄 사람)와 페르시아의 국왕 다리우스 3세(오른쪽 투구 쓴 사람)가 맞붙은 이수스 전투를 묘사한 대형 모자이크화. 알렉산드로스의 군대는 이 전투에서 크게 이기고 동부 지중해 연안을 거쳐 이집트까지 정복했다.

신바빌로니아의 수도 바빌론을 점령한 키루스는 포로로 끌려 온 유대인을 자기네 땅으로 돌려보냈어. 구약성서에도 나오는 이 일은 페르시아가 정복지의 백성에게 얼마나 관대했는지 보여 준단다. 정복지의 백성들을 강제로 이주시킨 아시리아나 바빌로니아와는 달리 종교의 자유를 폭넓게 인정하고, 원하는 곳에서 살게 해 준 것은 이전 제국과 페르시아의 차이를 보여 주는 대목이지.

하지만 동방 세계로 급속하게 뻗어 나간 키루스나 이집트를 정복해 동방 세계를 통일한 그의 아들 캄비시스, 뒤이어 제국의 영토를 더욱 넓힌 다리우스를 통해 페르시아를 살펴보면 이전 동방 제국들의 체제를 그대로 이어받았음을 알 수 있어.

페르시아는 사트라피라는 지방 행정 조직을 만들고 주요 도시에 총독을 임명해 다스렸어. 또 이 도시들을 잇는 도로와 중앙과 지방 사이에 소식을 주고받을 수 있는 조직을 만들었지. 새로 건설한 수도인 페르세폴리스는 제국의 웅장함을 보여 주는 동시에, 각 지방에서 온 재료와 기술, 힘이 잘 어우러져 있었단다.

동방 지역을 통일한 페르시아는 거기에서 멈추지 않았어. 유럽으로 뻗어 나가며 세계를 정복하려 했지. 다리우스는 다뉴브 강 유역까지 영토를 넓히고 그리스 본토로 나아갔으며, 그의 뒤를 이은 크세르크세스는 직접 군대를 이끌고 그리스 본토로 쳐들어갔지. 하지만 페르시아는 마라톤 전투와 살라미스 해전에서 지고 물러나게 돼.

고대 페르시아 제국에 관해서는 잘못 알려진 게 많아. 페르시아의 역사를 연구하는 주된 자료는 그리스 것이 많은데, 그리스와 페르시아는 좋은 사이가 아니었거든. 그래서 페르시아의 나쁜 면이 두드러지고, 때로는 사실과 다르게 알려지기도 했어.

고대 페르시아의 왕들은 유약하고, 국가는 사치하고 부패했으며, 관료들은 권력을 차지하는 데만 매달렸다는 평가가 많아. 하지만 고대 페르시아 제국은 다뉴브 강 유역에서 북부 인도, 이집트와 중앙아시아를 아우르는 역사상 가장 큰 제국을 이루고 200년 넘게 유지했어. 이렇게 오랫동안 넓은 영토를 유지할 수 있었던 것은 잘 갖춘 체제와 강력한 왕권 그리고 당시 최고 수준으로 발전한 문화와 문물 덕분이란다.

하지만 이런 페르시아도 영원하지는 못했지. 서쪽에서 이 제국의 종말이 시작되었어. 마케도니아 왕 알렉산드로스가 그리스 도시 국가들의 힘을 모아 동방 원정에 나섰는데, 이 침공을 막아 내지 못한 다리우스 3세는 결국 페르시아 제국의 마지막 왕으로 기록되었단다.

그리고 스스로 페르시아의 후계자라고 밝힌 알렉산드로스와 그 후예들은 영토뿐 아니라 사상과 문화, 통치 체제까지 페르시아의 것을 적극 받아들였어. 그리하여 동서양을 통합하는 거대한 제국을 만들었단다.

서아시아 제국 연표

기원전 612년 아시리아 제국의 수도인 니네베가 신바빌로니아에 무너지다.
기원전 539년 신바빌로니아 제국의 수도 바빌론이 페르시아의 키루스 왕에 의해 무너지다.
기원전 334년 알렉산드로스가 페르시아를 침략하다.
기원전 330년 페르시아 제국의 수도 페르세폴리스가 무너지다.

역사 타임캡슐

비시툰 비문

나는 다리우스다. 위대한 왕, 왕 중의 왕이고, 페르시아의 왕이며, 히스타스페스의 아들이자, 아케메네스 인이다. 나는 왕이 되면서 다음과 같은 일을 이루었다.

앞서 캠비시스라는 왕이 이 나라를 다스렸다. 그때에 가우마타라는 이름의 사제가 나타나 파우쉬야우바다 지역의 아라카드리쉬 산에서 반란을 일으켰다. 비약사나 월 14일(기원전 522년 3월 11일)의 일이었다. 그는 사람들에게 "나는 키루스의 아들이고, 캠비시스의 형제인 스메르디스다."라고 거짓말을 했다. 내가 오기 전에 어느 누구도 가우마타에 감히 맞서지 못했다. 그래서 내가 아후라마즈다에게 기도했고, 아후라마즈다는 나를 도와주었다. 나는 가우마타를 죽였고, 아후라마즈다의 은총으로 왕이 되었다. 아후라마즈다가 나에게 왕국을 주었다.

비시툰 비문은 고대 페르시아의 왕 다리우스가 기록한 것으로, 현재 이란의 케르만샤 주에 있다. 고대 페르시아 어, 엘람 어, 아카드 어를 쐐기 문자로 기록했으며, 고대 메소포타미아의 쐐기 문자를 푸는 데 결정적인 도움이 되었다. 바빌로니아의 수도 바빌론과 메디아의 수도 엑바타나를 잇는 오래된 도로 옆에 거대한 석회암 절벽이 있는데, 바로 여기에 이런 글을 새겨 놓았다. 다리우스는 많은 사람이 오가는 길에 새긴 이 글을 통해 자기가 지닌 왕권이 정당하다고 주장한 것이다.

크레타 섬 크노소스 궁전의 벽화.

고대 그리스와 로마는 유럽 문명의 고향이야. 그리스는 유럽 인이 가장 이상적인 정치 체제라고 여기는 민주주의를 수립했고, 학문의 기틀을 마련했지. 로마는 현재의 유럽 지역을 하나의 나라로 만들었고, 법과 건축을 발전시켰어. 서양인들은 그리스와 로마의 문학과 역사, 신화를 듣고 자라면서 건축물과 예술을 감상하러 여행을 떠난단다.

유럽 문명의 두 요람

그리스에 폴리스가 발달하다

지중해 동쪽, 그리스 반도 아래에 크레타라는 섬이 있어. 섬에는 크노소스라는 거대한 궁전이 있고 아름다운 벽화가 그려져 있지. 이 벽화를 남긴 사람은 미노스 인이야. 미노스 인은 원래 소아시아에 살다가, 동방의 앞선 문명을 가지고 크레타 섬으로 들어왔어. 그리고 바다를 무대로 화려한 해양 문명을 꽃피웠어. 이 문명을 크레타 문명 또는 미노아 문명이라고 해.

그리스 인은 미노스 인과 상품을 교류하면서 앞선 문화를 배워 미케네 문명을 발전시켰단다. 그러다가 기원전 1400년 무렵 미노아 문명이 화산 폭발과 지진, 해일 같은 자연재해 그리고 그리스의 침입으로 파괴되자, 그리스가 지중해의 주인이 되었어. 그리고 메소포타미아와 이집트 사이의 무역을 주도하면서 큰 이익을 남겼지.

그리스한테는 트로이라는 경쟁 상대가 있었어. 트로이도 지중해 무역을 주도하고 싶어 했지. 결국, 전쟁이 일어나자 그리스 미케네의 왕 아가멤논은 전사를 이끌고 트로이 성을 공격했어. 그는 10년이나 끈질기게 공격해 마침내 성을 무너뜨렸단다.

트로이 전쟁에서 승리한 그리스는 번성을 누리다 기원전 1100년 무렵 북쪽에서 철제 무기로 무장한 도리아 사람이 내려오면서부터 큰 혼란을 겪었어. 전쟁과 혼란이

아테네의 아크로폴리스 언덕. 폴리스의 중심부에는 아크로폴리스와 아고라가 있고 바깥으로 성벽을 둘러쳤다. 그리스 시민은 전쟁 같은 큰일이 일어나면 아크로폴리스로 몸을 피했다.

계속되자 사람들은 살아남기 위해서 성을 쌓기 시작했지. 이 혼란은 300여 년이나 계속되었는데, 이 시기를 암흑 시대라고 해.

기원전 8세기쯤 암흑 시대가 끝나고 평화가 찾아왔어. 그리스 사람들은 암흑 시대에 쌓았던 성을 중심으로 폴리스를 만들었지. 폴리스는 독립된 정부를 갖춘 도시 국가야. 폴리스의 가장 높은 곳을 아크로폴리스라고 하고, 거기에 신전을 세웠어. 아크로폴리스 밑에 있는 언덕이나 평지는 아고라라고 해. 여기서는 시장을 열어 물건을 사고팔거나 공연을 즐기는 등 시민의 일상생활이 이루어졌지.

폴리스는 그리스 본토와 에게 해 전체에 1,000여 개나 퍼져 있었어. 폴리스들은 서로 경쟁하고, 때로는 큰 전쟁을 벌이기도 했어. 하지만 이들은 자신들이 모두 전설 속의 영웅 헬렌의 자손이라고 생각했지. 그래서 스스로 헬레네스라고 불렀고, 4년마다 한 번씩 올림픽 경기도 치렀단다. 올림픽이 열리는 동안에는 전쟁도 중단했대.

아테네가 민주주의를 발전시키다

폴리스들은 처음에 대개 왕이나 귀족이 모든 일을 이끌어 갔어. 시민이 모여 국가의 일을 의논하는 민회도 있었지만 권한은 별로 없었지. 아테네도 암흑 시대를 거치면서 왕이 없어지고 귀족이 권력을 차지했어. 이들은 귀족 회의를 열어 자기들한테 유리하게 정치를 이끌었지. 힘없는 평민은 귀족이 하자는 대로 하는 수밖에 없었어.

그런데 기원전 8세기 후반부터 인구가 늘어나고 해외 무역과 상업이 발달하면서 부자가 된 평민이 많아졌어. 이런 사람들은 군대에 가서 나라를 지키는 일도 했지. 부자가 되었는데 군대에 간다니까 이상하니? 아테네에서는 개인이 직접 무기를 사서 전쟁에 참가했단다. 그러니 무기 살 돈이 없는 평민은 전쟁에 나가지도 못했지.

하지만 모든 사람이 잘살게 된 건 아니야. 인구가 늘자 토지가 부족해지고 곡물값이 올랐거든. 살기 어려워진 가난한 평민은 땅을 팔 수밖에 없었고, 나중엔 노예가 되기도 했어. 가난한 사람들의 불만이 커지면서 사회가 혼란스러워졌단다.

그래서 아테네 평민은 기원전 596년에 솔론이라는 정치가를 최고 지도자로 뽑아 사회를 개혁할 임무를 맡겼어. 솔론은 가난한 평민을 보호하기 위해 그들의 빚을 모두 없애 주고 노예가 되지 않게 했어. 또 평민도 전쟁에 나가고 나랏일을 하는 관직에 오를 수 있게 했지.

솔론은 400인 협의회도 만들었어. 400인 협의회는 귀족들한테서 민회를 열 권한을 넘겨받고, 민회를 열어 평민이 원하는 바를 이룰 수 있게 했단다. 또 억울한 일을 당한 시민이 민회에 자신의 사정을 설명해 억울함을 벗을 수 있게 했어.

솔론의 개혁은 귀족이나 평민 모두에게 만족스럽진 않았지만, 민주주의를 이뤄 나가는 데 기초가 되었단다. 하지만 그 힘이 매우 약했지. 솔론의 개혁으로 귀족의 힘이 줄긴 했어도 그들은 여전히 돈이 많고, 부하도 많았거든. 솔론에 이어 지도자가

된 클레이스테네스는 민회를 더욱 활성화하는 한편, 도편 추방제를 도입했어.

이렇게 발달해 가던 아테네의 민주주의는 페르시아의 침략을 물리치는 동안 더 발전했어. 기원전 491년에 대군이 쳐들어왔고, 그 뒤에도 계속된 페르시아의 침략에 맞서 아테네 정부는 해군의 힘을 강하게 키웠지.

당시 군함에는 200명의 전사가 필요했는데 대부분 노 젓는 일을 했어. 인력이 많이 필요해지자 재산이 없어서 군대에 갈 수 없었던 평민도 군대에 갈 수 있게 되었단다. 가난한 평민이 군대에 가게 되었으니 정치에 참여할 권리가 더 많아진 셈이지.

힘이 세진 평민은 귀족 회의가 가지고 있던 권한을 대부분 민회로 옮겨 왔어. 민회는 법을 만들고,

도편 추방제

해마다 민회에서는 도편 추방 투표를 할 것인지 결정했다. 투표 때 시민은 독재자가 될 위험이 있는 사람의 이름을 도자기 파편에 적어 항아리에 넣었다. 6,000표 이상 이름이 나온 사람은 10년 동안 아테네에서 추방되었다. 아래 사진은 투표 때 사용하던 도편이다.

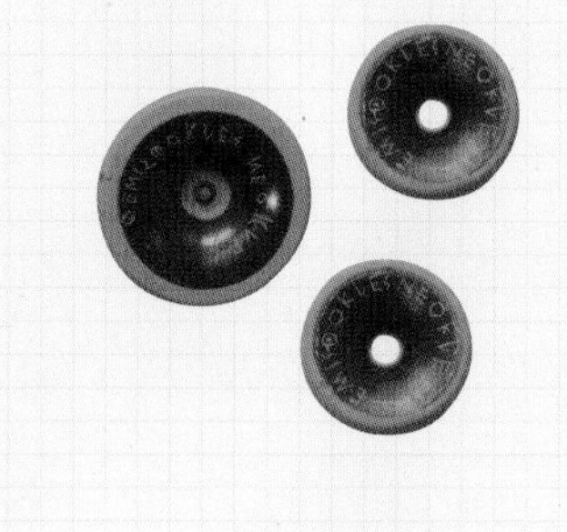

재판을 하고, 관리를 뽑고, 국가의 중요한 일을 결정할 수 있는 최고 권력 기관이 되었지. 이때 평민의 지도자로 나선 사람이 페리클레스야. 페리클레스는 관직 수당을 도입해 가난한 사람도 관직에 오를 수 있게 했어. 전에는 관직에 선출되어도 봉급이 없었기 때문에 가난한 사람은 관직에 나갈 수 없었거든.

아테네 시민은 민주주의를 발전시키면서 국가에 관한 모든 것을 시민이 결정해야 하고, 모든 시민이 자유롭게 자신의 의견을 발표할 수 있으며, 법 앞에서 평등하다는 정신을 확립했지. 민주주의가 꽃피게 된 거야.

시민은 자주 민회나 법정에 모여 토론하고 투표했지. 그러다 보니 연설하고 설득하는 일이 중요해졌어. 이때 소피스트가 등장했단다. 소피스트들은 연설문을 작성하고 연설하는 법을 가르쳐 주었어. 이들은 모든 사람이 맞다고 생각하는 절대 진리는 없고, 같은 문제라도 사람마다 다르게 생각할 수 있다고 주장했어. 사람들은 소피스트에게 배우면 재판에서 이기고 출세할 수 있다고 생각했지.

그때 소크라테스가 등장해 소피스트들은 돈을 벌기 위해 학문을 한다고 비난했어. 소크라테스는 "너 자신을 알라!"고 외쳤지. 그리고 진리는 소피스트들이 주장하는 것처럼 상대적인 것이 아니라 보편적이고 절대적인 것이라고 주장했어. '철학의 왕'으로도 불리는 플라톤은 소크라테스의 제자야. 플라톤은 '아카데미아'라는 학교를 세워 제자를 키웠는데, 그중에는 아리스토텔레스도 있지. 정치학, 논리학, 윤리학을 발전시킨 아리스토텔레스는 알렉산드로스 대왕을 가르치기도 했단다.

그리스 사람들은 폴리스에서 생활하면서 정치를 배웠고, 학문과 문화를 발전시켰어. 그래서 아리스토텔레스는 "사람은 폴리스적인 동물이다."라는 말을 했지. 사람은 사회생활을 통해 사람다워진다는 뜻이야. 이 말은 "사람은 정치적인 동물이다."라는 말로 풀이되기도 해.

헬레니즘을 발전시키다

아테네는 페르시아의 침략을 물리친 뒤 주변의 폴리스들과 델로스 동맹을 맺었어. 페르시아가 또 쳐들어올 수도 있으니까 돈을 모아 군대를 키우기로 한 거야. 그런데 아테네가 이 돈을 마음대로 써 버렸지 뭐야. 그래서 다른 폴리스들이 아테네에 불만을 품게 되었지.

결국, 스파르타가 펠로폰네소스 반도에 있는 폴리스들을 모아 전쟁을 일으켰어. 전쟁은 27년 동안이나 계속되었지. 스파르타가 전쟁에서 이겼지만, 얼마 지나지 않아 테베가 또 스파르타를 상대로 전쟁을 일으켰어. 이렇게 폴리스들끼리 계속 싸우면서 그리스의 힘은 크게 약해졌단다.

이때 그리스 북쪽 마케도니아의 필리포스 2세가 쳐들어왔어. 필리포스 2세는 그리스를 정복해 알렉산드로스에게 물려주었어. 스무 살밖에 안 된 알렉산드로스가 왕이 되자 그리스 사람들은 반란을 일으켰어. 알렉산드로스는 반란을 막아 내고 페르시아로 쳐들어가자고 했어. 예전에 페르시아가 쳐들어온 적이 있었잖아. 알렉산드로스가 페르시아에 복수하겠다고 하니까 그리스 사람들은 환호했어.

알렉산드로스는 병사를 이끌고 페르시아로 쳐들어갔어. 페르시아도 방어에 나섰지. 그러나 알렉산드로스는 전쟁의 천재였어. 페르시아군의 10분의 1도 되지 않는 병사만으로 이수스와 가우가멜라에서 잇달아 크게 이기고 결국 페르시아를 차지했단다. 알렉산드로스의 야망은 여기서 끝나지 않았어. 인더스 강을 건너 북인도까지 쳐들어갔지. 이렇게 해서 알렉산드로스는 불과 10년 만에 그리스에서 인도에 이르는 대제국을 건설했단다.

사람들은 거대한 제국을 건설한 알렉산드로스를 신이라고 생각했어. 하지만 그는 신이 아니었기에 겨우 서른세 살에 열병에 걸려 죽고 말았지. 알렉산드로스가 갑자기 죽자 부하 장군들이 제국을 나누어 가졌어. 마케도니아와 그리스는 안티고노스가, 이집트는 프톨레마이오스가, 페르시아는 셀레오코스가 차지했지.

헬레니즘 시대의 마지막 통치자는 이집트의 클레오파트라야. 클레오파트라는 지성과 미모를 두루 갖춘 왕이었어. 로마의 장군들이 그녀에게 반했는데, 카이사르와 안토니우스도 그녀를 사랑했지. 클레오파트라는 안토니우스와 손잡고 이집트를 더욱 강한 나라로 만들려고 했어. 하지만 로마의 장군 옥타비아누스가 엄청난 군사를 이끌고 가서 이집트를 정복했지. 이로써 헬레니즘 시대는 막을 내렸단다.

알렉산드로스가 아무리 대단한 정복자라고 해도 싸움만 잘했다면 역사에 남지 않았을 거야. 그는 헬레니즘 시대를 열었기 때문에 위대한 영웅으로 인정받는단다. 헬레니즘은 그리스 문화가 동방 문화와 어우러져 만들어 낸 문화야. 그리스 인은 자기들을 스스로 헬레네스라고 부른다고 했지? 거기서 헬레니즘이라는 말이 나온 거야.

알렉산드로스는 자신의 이름을 따서 알렉산드리아라는 도시를 수십 군데 건설했어. 새로 건설한 도시에는 그리스 인을 옮겨 살게 하고, 그리스 인과 아시아 인이 결

알렉산드로스 제국

알렉산드로스는 동서 세계의 통합을 꿈꾸었으며, 헬레니즘 문화가 꽃피게 했다.

혼하는 걸 북돋았어. 알렉산드로스는 종족을 넘어 모든 사람이 하나되는 세계를 꿈꾸었거든.

헬레니즘 시대의 문화 중심지는 이집트의 알렉산드리아였어. 왕궁에 딸린 학문 연구소인 무세이온을 그곳에 세웠거든. 기하학의 창시자 유클리드, 부력의 원리를 발견한 아르키메데스, 천문학자 에라토스테네스 같은 사람들이 바로 무세이온에서 공부했지.

헬레니즘 시대에는 뛰어난 예술 작품도 많이 만들어졌단다. 라오콘 상이나 밀로스 섬의 비너스 상도 이때 만들어진 작품이야.

로마가 이탈리아를 통일하다

그리스에 폴리스가 발전하던 시기에 이탈리아 반도에는 에트루리아 족, 라틴 족, 사비니 족, 오스카 족 등 여러 종족이 살고 있었어. 그중 라틴 족인 로물루스가 현재 로마 시 근처에 로마라는 나라를 세웠어. 기원전 753년의 일이었지.

로마는 인구라고 해 봐야 불과 몇백 명밖에 되지 않는 작은 나라였어. 로물루스와 그의 후계자들은 나라를 잘살게 하려면 능력 위주로 인재를 뽑고, 다른 나라의 앞선 문물을 배워야 한다고 생각했어. 그래서 왕을 투표로 뽑고, 에트루리아 사람들에게 건축, 도로, 전투에 관한 기술을 배웠지.

로마 사람들은 주변의 힘센 나라나 종족에게 배우는 것을 조금도 부끄러워하지 않았어. 전쟁을 하다가도 적군이 좋은 기술이나 무기를 사용하면 그것을 연구해 더 낫게 만들었지. 또 주변 나라의 발달된 학문이나 문화를 적극 받아들였어. 그리스의 학문과 문화를 로마만큼 열심히 배운 나라는 없었지.

기원전 600년에 로마 사람들은 폭군 타르퀴니우스를 몰아내고 공화정을 세웠어. 공화정은 어느 한 사람의 힘이 아니라, 국민이 뽑은 사람들이 나라를 이끌어 가는 제도야. 사람들은 선거로 행정을 담당하는 집정관을 뽑았고, 시민의 총회인 민회가 법을 만드는 입법권을 가졌어. 똑똑한 귀족들로 이루어진 원로원은 나라 살림을 맡았고, 집정관이나 민회가 하는 일을 지도했지. 공화정 시기에 로마는 집정관, 민회, 원로원에 권력을 나누고, 어느 한 편이 지나치게 힘을 키우지 못하게 했어.

권력을 나누고 시민이 많은 권리를 누리게 한 로마의 공화정은 매우 훌륭한 제도야. 시민은 자신이 직접 법을 만들고, 관리를 뽑고, 중요한 일을 결정했기 때문에 자부심을 느끼고 로마를 사랑했지.

고대 세계에서 그리스와 로마를 빼고는 거의 모든 나라가 왕 혼자 통치를 했어. 왕은 자기 마음대로 법을 만들고 전쟁을 벌였지. 그런 나라의 백성은 왕과 귀족에게 억눌리고 재산을 빼앗겼기 때문에 애국심이 별로 없었어.

밀로스 섬에서 발견된 비너스 상. 기원전 100년 무렵에 만들어진 헬레니즘 시대의 걸작품이다.

사실 로마도 공화정이 처음 만들어졌을 때는 평민의 불만이 많았단다. 평민은 관직에 오를 수도 없었고, 귀족을 견제할 방법도 없었거든. 그래서 이들은 자신을 보호해 줄 관리를 뽑아 달라고 귀족들에게 요구했어. 하지만 귀족들은 콧방귀를 뀌었지. 그러자 평민이 모두 로마를 떠나겠다고 하며 뜻을 굽히지 않았어. 결국, 귀족들은 호민관이라는 관직을 만드는 데 동의했어. 호민관은 평민을 위해서 일하는 관리야.

그리고 귀족과 평민은 법을 만들어서 사회의 질서를 세우고, 분쟁을 해결하기로 했어. 그래서 12표법을 만들었는데, 이 법은 로마 최초로 문서로 정리한 법이란다. 로마 사람들은 12표법을 동판에 새겨 광장에 걸었고, 학교에서는 12표법을 가르쳤어. 12표법을 만든 뒤로 로마는 귀족이나 평민, 남자나 여자가 똑같이 법 앞에서 평등하다는 원칙을 수립했지. 이후에도 로마 사람들은 계속 법을 발전시켜 로마 제국의 모든 사람에게 적용되는 만민법을 만들었단다.

이렇게 로마가 공화정을 수립하고 평민의 권리를 보호하는 여러 법을 만들자, 로마 시민은 스스로 똘똘 뭉쳤어. 로마 사람들은 로마의 시민이라는 것을 자랑스럽게 여겼고, 언제든 나라를 위해 목숨 바칠 각오를 했단다. 로마는 이렇게 안에서 힘을 뭉치며 점점 밖으로 뻗어 나갔어. 에트루리아 족과 삼니움 족을 차례로 물리치고, 기원전 270년 무렵에는 이탈리아 남부의 여러 도시를 정복했지. 결국, 로마는 300여 년 동안의 정복 활동을 통해 이탈리아 반도 전체를 통일했단다.

쌍둥이 형제 로물루스와 레무스는 늑대가 젖을 먹여 키웠다. 어른이 되어 형 로물루스는 도시를 세운 후 자기 이름을 따 로마라고 했다.

페리클레스 연설문

나는 우리 정부가 이웃 나라의 제도를 흉내내지 않았음을 말하고자 합니다. 우리가 다른 이를 본받은 것이 아니라, 다른 이들에게 본보기가 되었습니다. 우리의 정치 체제는 민주주의라고 하는데, 이는 권력이 모든 시민의 손에서 나오기 때문입니다. 분쟁을 해결하는 데 있어 모든 사람은 법 앞에 평등합니다. 그리고 어떤 사람을 책임 있는 자리에 앉힐 때 중요하게 여길 것은 출신이 아니라 능력입니다. 어떤 사람에게 나라에 봉사할 능력이 있다면, 가난 때문에 정치적으로 빛을 못 보는 일은 없습니다. 그리고 우리의 정치 생활이 자유롭고 개방적이듯이 다른 사람들과 관계 맺는 일상생활도 열려 있습니다. 우리는 아름다움을 추구하지만 사치하지 않고, 지식을 사랑하지만 유약함에 빠지지 않습니다. 부자는 부유함을 자랑하지 않고 그것을 활동의 바탕으로 삼으며, 가난한 사람은 가난을 부끄러워하지 않습니다.

펠로폰네소스 전쟁 때 죽은 병사들을 기리는 페리클레스의 추모 연설이다. 페리클레스는 아테네가 모든 시민이 참여하는 이상적인 민주주의를 펼치고 있음을 일깨운다. 아테네는 민주주의를 통해 인류 역사에 남을 모범적인 사회를 만들고자 노력했다. 모든 시민이 능력에 따라 대접받고, 평등하고 자유롭게 자신이 원하는 대로 살며, 시민의 권리와 인격을 존중했다. 페리클레스의 이 연설은 고대 아테네 인이 추구한 인간, 사회, 도덕에 관한 생각을 잘 전하고 있다.

모 둠 전 시 관

그리스가 꽃피운 문화

그리스 사람들은 신에게 제사 지낼 때 축제를 열었어. 축제 때는 신에게 음악과 춤, 시를 바쳤는데, 나중에는 연극도 하고 운동 경기도 열었지. 이렇게 축제를 즐기다 보니 예술이 발전했고, 그러는 과정에서 아름다운 건축물과 조각품도 많이 탄생했단다.

사람의 눈에 가장 아름다운 건축물, 파르테논 신전

아테네의 아크로폴리스 언덕에 세워진 파르테논 신전은 페르시아 전쟁에서 승리한 후 페리클레스가 아테네의 영광을 기리고자 세운 건물이야. 그리스는 사람이 중심인 사회여서 신들조차 사람처럼 질투하고, 화내고, 실수하는 인물로 그려져 있는데, 파르테논 신전도 사람의 눈에 가장 아름답게 보이도록 지었어. 바로 건축에 황금 비율을 적용한 거야. 파르테논 신전은 페리클레스가 설계하고, 그 당시 유명한 건축가이자 조각가인 피아디아스가 15년에 걸쳐 완성했지.

전쟁과 지혜의 여신 아테나

그리스 신화에서 아테나는 제우스의 머리를 깨고 창과 방패, 투구로 무장한 채 태어났다고 해. 아테네 사람들은 아테나를 최고의 신으로 여겼고, 파르테논 신전을 지어 우러렀지. 로마 신화에서 아테나의 이름은 미네르바란다.

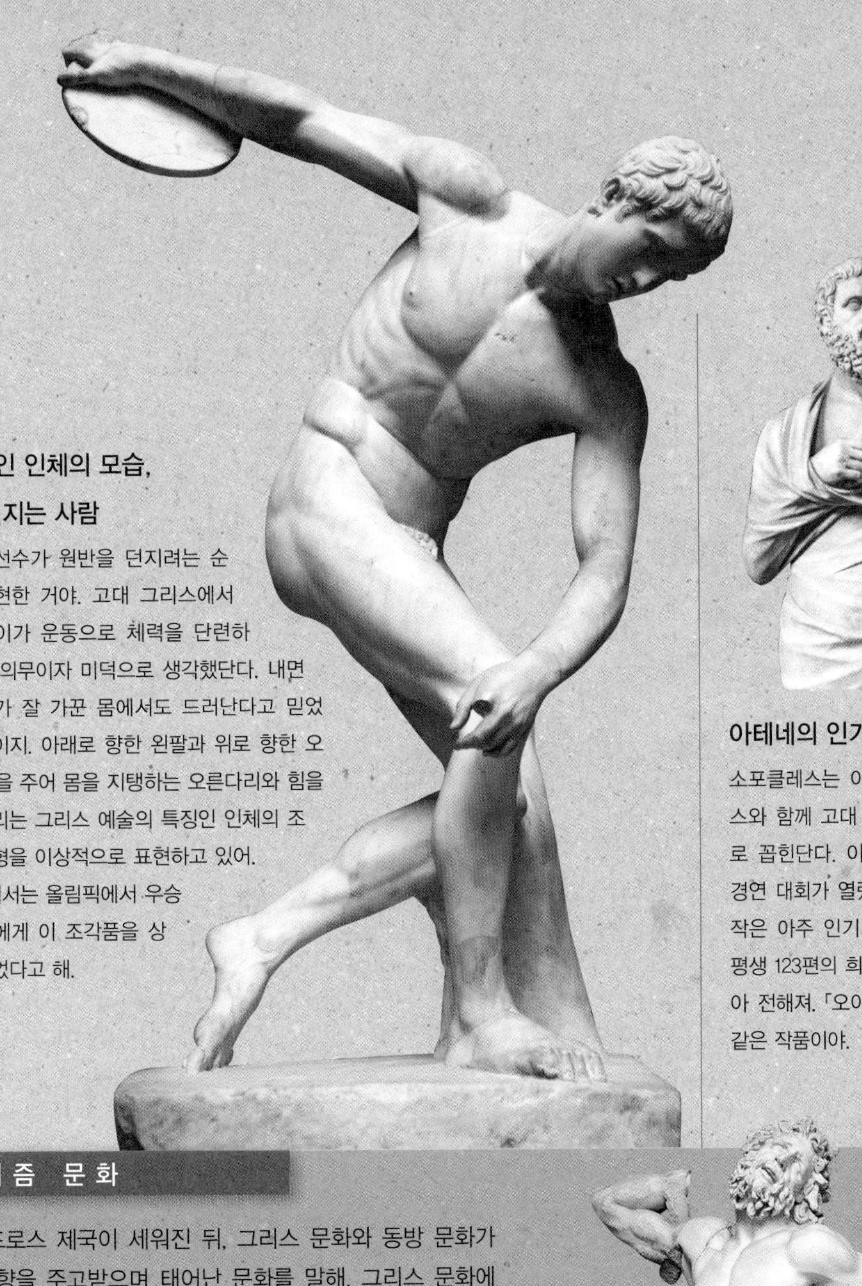

이상적인 인체의 모습, 원반 던지는 사람

알몸의 선수가 원반을 던지려는 순간을 표현한 거야. 고대 그리스에서는 젊은이가 운동으로 체력을 단련하는 것을 의무이자 미덕으로 생각했단다. 내면의 가치가 잘 가꾼 몸에서도 드러난다고 믿었기 때문이지. 아래로 향한 왼팔과 위로 향한 오른팔, 힘을 주어 몸을 지탱하는 오른다리와 힘을 뺀 왼다리는 그리스 예술의 특징인 인체의 조화와 균형을 이상적으로 표현하고 있어.
그리스에서는 올림픽에서 우승한 선수에게 이 조각품을 상으로 주었다고 해.

아테네의 인기 작가 소포클레스

소포클레스는 아이스킬로스, 에우리피데스와 함께 고대 그리스의 3대 희곡 작가로 꼽힌단다. 아테네에서는 해마다 희곡 경연 대회가 열렸는데, 소포클레스의 4부작은 아주 인기가 높았지. 소포클레스는 평생 123편의 희곡을 썼고, 현재 7편이 남아 전해져. 「오이디푸스 왕」과 「안티고네」 같은 작품이야.

헬레니즘 문화

알렉산드로스 제국이 세워진 뒤, 그리스 문화와 동방 문화가 서로 영향을 주고받으며 태어난 문화를 말해. 그리스 문화에 바탕을 두고 있지만, 헬레니즘 문화는 폴리스라는 울타리를 넘어 전 세계를 아우르는 문화가 되고자 했어.
헬레니즘 미술에서는 그리스에서 중요하게 여기던 조화와 균형의 아름다움 대신 사람 몸의 아름다움과 감정의 변화를 솔직하게 표현했단다.

라오콘 상

라오콘은 그리스 신화에 나오는 트로이의 왕자이며 아폴론 신전의 사제야. 트로이 전쟁에서 그리스 군이 남긴 목마가 속임수라는 것을 알아챘기 때문에 신의 노여움을 사 두 아들과 함께 큰 뱀에 몸이 감겨 죽었지.

유목민들이 가축을 키우며 이동 생활을 했던 중앙아시아의 초원 지대.

흉노는 중국 북쪽 몽골 지역에서 말을 타고 양, 소, 낙타 같은 가축을 키우며 이동 생활을 하는 유목 민족이야. 농사를 지으며 한곳에서 살아가는 사람들과는 전혀 다른 방식으로 살았지. 중국을 최초로 통일한 진시황은 흉노의 침략을 막기 위해 만리장성을 쌓았다고 해. 본디 유목민은 강한 걸까? 흉노는 어떻게 강해질 수 있었을까?

스키타이와 흉노

스키타이가 초원을 지배하다

아시아와 유럽을 잇는 중앙아시아에는 산맥과 사막이 많이 있는데, 그 사이에는 초원 지대도 넓게 펴져 있지. 이곳은 매우 험하고 비가 적게 오기 때문에 농사지으며 생활하기가 어려웠어.

그래서 초원 지대의 사람들은 양, 소, 말, 낙타 같은 가축을 기르면서 풀이 있는 곳을 찾아 옮겨 다니며 살았단다. 이들이 가축을 잘 키우기 위해서는 가축만큼 빨라야 했어. 그래서 말을 타기 시작했지. 유목민과 말은 떼려야 뗄 수 없는 관계가 되었어.

말은 가축 몰이뿐 아니라 전쟁 때에도 매우 중요한 구실을 했어. 말 타기 기술에 활쏘기 기량이 합쳐지면 바로 기마병이 되었지. 빠르게 달리는 말 위에서 쏘는 화살은 적에게 두려움을 주기에 충분했단다. 말은 증기 기관이 발명되기 전까지 가장 빠른 이동 수단이었고, 오늘날의 미사일에 버금가는 무기였다고 해.

유목 문화를 발전시키며 그리스와 교류했던 스키타이의 동전.

기원전 7세기에 말을 타고 활을 쏘는 유목민이 나타났어. 이들을 스키타이라고 하는데, 지금의 우크라이나와 러시아 남부 초원 지대에서 살았어.

스키타이는 당시 세계 최강이던 페르시아군과 전쟁을 했는데, 말을 탄 스키타이 군대가 페르시아군을 무찔렀어. 그래서 스키타이의 존재가 세상에 알려졌지.

이들은 말뿐 아니라 청동과 철도 잘 다루었어. 여러 가지 말의 장신구는 물론, 고기를 삶아 먹는 청동솥도 만들었지. 중국 같은 농경 사회에서 제사를 지내려고 청동솥을 만든 것과는 달랐어. 또 이들은 철로 검을 만들었는데, 매우 튼튼하고 날카로웠어. 스키타이는 이런 강한 무기로 주변 부족을 무찌르며 서쪽에서 동쪽으로 영토를 넓혀 갔단다.

스키타이 사람들은 황금을 좋아했고 물건에 말, 사슴, 양, 멧돼지 같은 동물 문양으로 장식하곤 했어. 동물 문양은 스키타이 문화의 특징으로 꼽히지. 스키타이가 동쪽으로 이동하면서 이들의 문화는 유라시아 초원부터 중앙아시아, 몽골과 우리나라까지 전해졌어.

특히 흉노에게 많은 영향을 끼쳤지. 스키타이가 약해질 즈음, 기원전 4세기 무렵에 몽골 고원에서 흉노가 일어났어. 유목 생활을 하던 흉노는 말타기 기술 등 스키타이의 문화를 받아들여 주변 지역을 정복하면서 힘을 모으기 시작했단다.

흉노도 스키타이처럼 단검과 화살촉, 갑옷, 투구 같은 무기와 고삐나 재갈같이 말타는 데 필요한 도구를

스키타이 무당이 지니던 도구의 장식. 철을 다루는 기술이 뛰어났던 스키타이는 청동과 황금 유물을 많이 남겼다.

철로 만들었고, 동물 문양으로 장식했어.

한반도의 신라에도 스키타이 문화가 남아 있어. 스키타이 문화의 특징이 황금과 동물 문양이라고 했지? 신라의 수도였던 경주 한복판에 거대한 무덤이 있는데, 그 무덤에서 금관을 비롯한 황금으로 만든 장신구가 많이 나왔어. 바로 그 장신구에 말, 새, 사슴뿔 같은 동물 문양이 많이 새겨져 있단다.

그렇다고 스키타이 사람들이 신라까지 건너온 건 아니야. 스키타이의 문화가 동쪽의 유목민에게 전해지고, 이 유목민의 일부가 한반도까지 갔을 거라고 추측하지.

흉노가 힘을 모으다

흉노가 기록에 처음 등장한 건 중국의 전국 시대야. 전국 시대는 주나라가 무너진 뒤에 7개의 나라가 천하를 통일하고자 치열하게 싸우던 때란다. 기원전 318년 한, 위, 조, 연, 제라는 5개 나라가 힘을 합쳐 진나라를 공격했는데, 이때 흉노도 이 나라들과 함께 진나라와 싸웠다고 해.

흉노가 싸우는 모습을 본 중국 사람들은 몹시 놀랐어. 당시 중국은 전차에 창을 든 병사와 활을 쏘는 병사가 타고, 다른 병사들이 전차를 둘러싸는 방식으로 싸웠거든.

그런데 흉노는 말을 타고 싸우는 기마 전술을 사용했어. 그러니 좁은 곳이나 험준한 곳도 자유롭게 다니고 이동 속도도 엄청 빨랐지. 그래서 흉노와 이웃해 있던 진나라, 조나라, 연나라에서는 이들의 침입을 막으려고 성을 쌓았어.

흉노의 기마 전술이 중국에 전해지자 전국 시대의 나라들도 기병을 두기 시작했어. 또 유목민처럼 말타기에 편한 짧은 상의와 바지를 입고, 장화를 신기도 했지. 그 바람에 전국 시대 말기의 전쟁은 더욱 격렬해졌어.

말을 탄 채 활을 쏘는 흉노의 기마술은 당시 중국 사람들을 깜짝 놀라게 했다.

진시황이 중국을 통일할 즈음, 북쪽의 흉노에서는 두만이라는 사람이 부족을 통합하고 나라를 세운 뒤 선우가 되었어. 흉노에서는 왕을 '선우', 왕비를 '연지'라고 불렀어. 이로써 북쪽에는 흉노, 남쪽에는 진나라가 자리 잡으면서 맞서게 되었지.

흉노 사회에서는 해마다 5월과 9월에 모든 씨족이 참여해 조상과 하늘, 땅에 제사 지내고, 사람과 가축의 수를 헤아렸어.

또 흉노 사회에서는 권력을 차지하기 위해 아버지나 형을 죽이기도 했지만, 어머니는 결코 해치지 않았대. 왜냐하면 어머니에게는 일가친척이 있어서 앙갚음을 당할 수 있었기 때문이지. 형제가 죽으면 홀로 남은 부인을 다른 형제의 아내로 삼는 풍습도 씨족의 힘을 한데 모으기 위한 방법이었어. 그래서 부인의 지위가 상대적으로 높았다고 보기도 해.

한편, 흉노는 진나라의 공격을 받아 오르도스 지역을 빼앗기고 북쪽으로 밀려났어. 게다가 진나라가 만리장성을 쌓는 바람에 중국에 드나들기도 어려워졌지.

흉노 사회는 필요한 것을 스스로 마련하기가 어려웠기 때문에 적극적으로 교역을 했어. 이들은 주로 가축의 고기, 특히 양고기와 가축의 젖으로 만든 각종 유제품을 주식으로 삼았어. 그리고 중국과 교역해 곡식을 얻고, 서역에서는 포도나 오이 등을 수입했지. 옷은 가축의 가죽으로 만들어 입었어. 중국과 교역하면서 일부 지배자들은 비단옷을 입기도 했대.

흉노는 옮겨 다니기 편하도록 수레 위에 집을 짓거나 천막에서 생활했어. 바퀴가 4개 또는 6개 달린 수레 위에 천막을 덮어 집처럼 만들었기 때문에 수레 위에서 생활하는 것이 보통이었어.

특이하게도 흉노 사회는 노인을 공경하지 않았어. 건강한 사람을 좋아하고 노약자를 무시했지. 그래서 젊은이는 기름지고 좋은 음식을 먹고, 노인은 남은 것을 먹었다고 해. 옮겨 다니고 전쟁을 치르려면 젊은이들의 힘이 꼭 필요했기 때문이야.

흉노가 제국으로 성장하다

나라를 세우고 힘을 키우기 시작한 흉노는 무엇보다 진나라한테 빼앗긴 오르도스 지역을 되찾고, 중국과 교역해 필요한 물자를 얻는 것이 중요한 일이었어.

진시황이 죽고, 유방과 항우가 일어나 서로 힘을 겨루자 북쪽 오르도스 지역은 무방비 상태가 되었어. 흉노가 이 지역을 되찾을 절호의 기회였지. 마침 흉노에서도 새로운 지도자가 나타났어. 바로 묵돌 선우야.

묵돌은 두만 선우의 큰아들인데, 두만은 작은아들에게 대를 잇게 하려고 했어. 두만은 중앙아시아에서 가장 힘센 나라인 월지에 묵돌을 인질로 보내 놓고 월지를 공격했지. 월지가 당연히 인질인 묵돌을 죽일 거라고 생각했거든.

그런데 묵돌은 월지의 명마를 빼앗아 흉노로 살아 돌아왔어. 두만은 용감한 묵돌에게 1만 명의 병사를 상으로 주었지. 묵돌은 이 병사들을 자신에게 충성하는 정예 병사로 만들었어. 그리고 기원전 209년 아버지를 죽이고 스스로 선우가 되었어. 이후 묵돌은 동쪽의 동호를 무너뜨리면서 흉노의 세력을 넓혀 가기 시작했지.

한편, 중국에서도 기원전 202년에 한나라가 중국을 통일했어. 한 고조는 흉노를 치려다가 오히려 흉노에게 지는 바람에 인질로 잡혀 7일 만에 겨우 탈출한 일도 있었단다. 흉노의 힘을 실감한 고조는 흉노에 사신을 보내 가까이 지내자고 했고, 가까이 지내는 대가로 이런 약속을 하게 되었지.

> 한 황실의 여인을 선우의 연지로 바친다.
> 해마다 한은 흉노에게 솜, 비단, 술, 쌀 등을 바친다.
> 황제와 선우 사이에 형제의 굳은 약속을 맺어 친하게 지낸다.

나아가 흉노는 월지를 쫓아내고 명실상부한 제국으로 성장했어. 월지는 하서회랑, 즉 중국에서 서역으로 통하는 중요한 지역을 지배하던 강한 나라였거든. 서역 교역로를 차지하니 주변의 누란, 오손, 호게뿐만 아니라 이웃한 26개 나라가 모두 흉노에 포함되었다고 해. 그리하여 묵돌이 "활을 쏘는 민족은 합쳐져 한 집안이 되었다."『사기-흉노열전』고 당당히 선언할 정도로, 흉노는 대제국으로 성장했단다.

그러나 묵돌 선우가 죽고, 한나라에 무제가 등장하면서 두 나라의 관계는 달라지기 시작했어. 무제가 형제의 약속을 깨고 흉노를 공격하고, 서역으로 통하는 길도 차지해 버렸거든. 흉노 사회도 혼란에 빠지기 시작했어. 기원전 60년 무렵에는 무려 5명의 선우가 등장하기도 했지.

이 혼란을 통합하며 등장한 호한야 선우는 기원전 51년을 시작으로 세 번이나 한나라에 가서 도움을 청했고, 이로써 흉노와 한의 관계는 완전히 뒤바뀌고 말았지.

한나라에서 힘으로 정권을 뺏는 일이 일어나자, 그 혼란을 틈타 흉노는 다시 한 번 서역을 지배하며 일어나려고 애썼지. 하지만 오래가지는 못했어. 결국, 기원후 48년

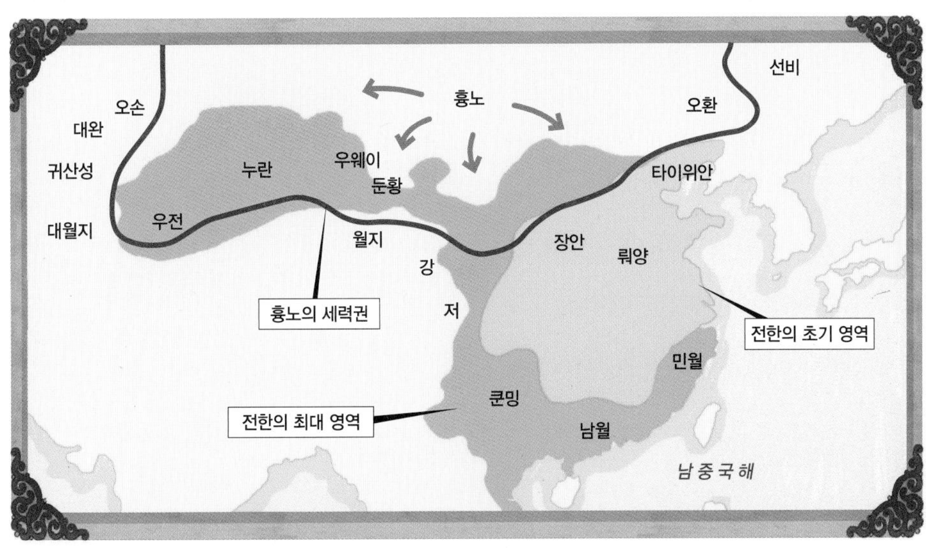

초원의 유목 국가들

흉노의 가마솥은 훈 족이 활동한 유럽 일대에서도 발견되었다.

흉노는 남흉노와 북흉노로 나뉘고 말았단다.

남흉노는 한나라와 임금과 신하의 관계를 맺었지만, 북흉노는 한과 교역하거나 한을 공격하면서 유목민의 특성을 지켜갔어. 그러나 한의 반초가 북흉노를 쫓아내고 서역의 교통로를 장악하자 북흉노는 서쪽으로 옮겨 갔고, 자연히 흉노의 역사도 사라지게 되었단다.

이때 서쪽으로 옮겨 간 북흉노를 훈 족으로 보기도 해. 훈 족은 4세기 무렵 동유럽에 쳐들어가 게르만 족을 남쪽으로 이동시키고, 주변 여러 민족을 대규모로 이동하게 만들었어. 그리고 게르만 족의 이동은 로마 제국을 무너뜨리는 시작점이 되었지.

훈 족과 흉노의 관계를 증명하는 것이 '가마솥'이야. 흉노식 가마솥은 속이 깊은 사발형 몸체에 ㄷ자형 귀가 특징이거든. 그런데 이 흉노식 가마솥이 훈 족이 활동한 유럽 땅에 널리 퍼져 있었어.

이처럼 흉노와 한은 만리장성을 경계로 각자 제국을 이루었고, 서역 지배를 놓고 다투었어. 결국엔 한이 이겼지만, 흉노가 사라진 북쪽 지역에서는 새로운 유목민, 선비족이 일어나고 있었지. 농경민을 중심으로 한 중국은 이후에도 여러 유목민 나라와 끊임없이 다투게 된단다.

역사 타임캡슐

흉노 열전

흉노의 가축은 주로 말, 소, 양이었는데, 특이한 것으로 낙타, 나귀, 노새, 버새, 도도, 탄해 등이 있었다. 물과 풀을 따라 옮겨 살았기 때문에 성곽이나 일정한 주거지가 없고, 농사마저 짓지 않았으나 각자의 세력 범위만은 경계가 분명하였다. 글이나 책이 없었으므로 말로써 약속하였다.

남자들은 활을 잘 다루어 모두가 무장한 기병이 되었다. 따라서 그들은 평상시에는 가축을 기르고 새나 짐승을 사냥하는 것을 직업으로 삼았고, 긴급한 상황에는 모두가 전쟁에 나설 수 있었다.

모든 사람이 가축의 고기를 먹고, 가죽이나 털로 옷을 해 입거나 침구로 썼다. 건장한 사람이 맛있는 음식을 먹고 노약자는 그 나머지를 먹었다. 즉, 건장한 사람을 중요하게 여기고, 노약자는 낮잡아 보았다.

사마천은 『사기』의 「흉노 열전」에서 유목민인 흉노의 생활 방식과 군사 활동, 풍습 등을 자세히 소개하고, 흉노와 중국의 관계가 어떻게 달라졌는지 써 놓았다. 사마천은 "하, 상, 주 3대 이래로 흉노는 늘 중국에 혼란과 재해를 끼치는 원인이었고, 한나라에서도 흉노를 치고자 했기 때문에 「흉노 열전」을 지었다."고 했다.

모 둠 전 시 관

초원의 황금 문명, 스키타이

고대 유목 문화를 가장 먼저 발전시킨 사람은 스키타이 사람들이야. 그들은 무기나 말 타는 데 쓰는 기구에 황금으로 동물 장식을 했어. 스키타이 사람들의 황금 장식 유물은 주변의 부족과 나라들에도 큰 영향을 주었지. 그만큼 그들의 문명이 뛰어났기 때문이야.

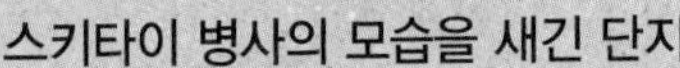

스키타이 병사의 모습을 새긴 단지

금과 은을 섞어 만든 이 단지에는 활시위를 당기거나 창을 다루고, 친구의 무릎보호대를 묶어 주는 스키타이 병사의 모습이 새겨져 있어.

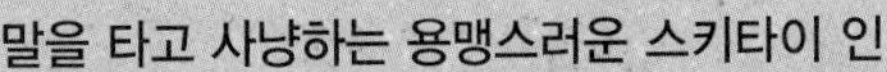

말을 타고 사냥하는 용맹스러운 스키타이 인

유목민은 이동 생활을 하는 사람들이라 한곳에서 농사지으며 사는 사람들과는 다른 유물을 남겼어. 건축물이나 벽화가 아니라, 말의 장식이나 몸에 지니는 무기, 장신구 같은 유물을 남겼지. 스키타이 사람들이 말을 타고 싸우거나 사냥하는 모습은 아주 용맹스럽고 솜씨가 뛰어나 주변 부족 사람들이 깜짝 놀랄 정도였어. 창은 스키타이 사람이 즐겨 쓰던 무기이자 사냥 도구로, 말을 탄 스키타이 사람이 창으로 맹수를 사냥하는 장면은 그들이 남긴 유물에 자주 등장하는 모습이야.

의형제를 맺는 스키타이 인

스키타이 사람들은 무당을 찾아가 옳고 그름을 가리거나 우정을 맹세하고 의형제를 맺었어. 우정을 맹세할 때는 커다란 잔에 술을 따르고 두 사람이 함께 마셨어.

그리스 장인이 만든 황금 빗

스키타이 문화는 그리스 세계와 밀접한 관련을 맺고 있단다. 스키타이의 왕은 그리스의 식민 도시를 자유롭게 드나들었고, 스키타이의 귀족은 그리스 장인에게 장식품을 주문했지. 기원전 6세기, 흑해 북쪽의 그리스 식민 도시들에는 스키타이 인이 주문한 물건을 만드는 공방이 많았어.

상상 동물 그리핀

말을 공격하는 그리핀을 묘사한 허리띠 장식이야. 사자의 몸에 독수리의 머리가 달린 그리핀은 스키타이의 상상 동물이야. 초원 유목민의 삶은 늘 격렬했기 때문에 예술품에도 강자가 약자를 잡아먹는 장면을 표현한 것이 많지.

무기에 장식한 야생 동물

유목민은 동물을 사냥하거나 동물로부터 자신을 지켜야 했어. 그래서 창이나 칼, 칼집, 방패 같은 무기에 용맹스럽고 사나운 야생 동물을 표현한 장식을 많이 남겼지. 그런 무기를 지니고 있으면 자신도 야생 동물처럼 강해진다고 생각했을 거야.

스키타이 발생 신화

스키타이 신화에는 그리스의 신 헤라클레스가 등장해. 헤라클라스가 스키타이의 땅에 갔을 때, 반은 사람이고 반은 뱀인 여자와 결혼해 낳은 자식들이 나중에 스키타이의 조상이 되었다는 거야. 말의 얼굴 장식에 새긴 반녀반사는 스키타이의 신화 이야기에서 비롯한 장식이야.

보리수 아래에서 수행하는 싯다르타.

아리아 인의 부족 사회는 베다 시대까지만 해도 핏줄 중심이었는데, 갠지스 강 유역의 비옥한 평원으로 땅을 넓혀 가면서 영토를 중심으로 하는 영역 국가로 바뀌었어. 그 과정에서 더 많은 땅을 차지하려고 선주민뿐 아니라 아리아 인들끼리도 치열하게 싸웠지. 당시 16개의 도시 국가가 있었는데, 마가다 왕국이 통일 제국을 건설했어.

갠지스의 나라들

사회가 복잡해지다

인더스 강 유역에서 1,000년 넘게 살았던 아리아 인은 동쪽으로 무대를 넓히기 시작했어. 인구가 늘어나면서 더 넓은 땅과 질 좋은 농지가 필요했고, 철광석 같은 지하자원이 풍부한 땅도 차지하고 싶었거든. 그래서 전쟁이라는 적극적인 방법으로 영토를 넓혀 나갔단다.

기원전 7세기 말에서 6세기 초반에 걸쳐 갠지스 강 유역의 인도에는 16개의 도시 국가가 만들어졌어. 16개 나라의 왕들은 지리적인 이점을 이용해 무역에 힘쓰고 철로 만든 도구로 농사를 짓고, 철제 무기도 만들었어. 16개 나라는 서로 정복하려고 호시탐탐 기회를 노리고 있었어. 그래서 전쟁에 대비해 식량이나 무기, 탄탄한 경제력을 쌓아 두었지.

그중에서 마가다, 코살라, 밤사, 아반티가 갠지스 강 중류에서 새로운 강국으로 자리를 잡았어. 이들 강대국은 모두 왕이 나라의 모든 일을 결정하는 왕권 국가였지.

기원전 5세기 무렵, 마가다 왕국 하리양카 왕조의 빔비사라 왕은 상황에 따라 상대를 힘으로 누르거나 친선 정책 등을 펴기도 하며 코살라와 아반티를 상대로 적극적인 정복 전쟁을 벌였어. 그래서 갠지스 강의 델타 지역까지 영토를 넓혔지. 그리고 동남

기원전 5세기, 갠지스 강 유역을 장악한 마가다 왕국의 군대는 알렉산드로스조차 돌려보냈을 정도로 막강했다.

아시아의 버마 해안까지 무역로를 개척했어. 부처와 같은 시대에 살았던 빔비사라 왕의 아들 아자타샤트루 왕은 파탈리푸트라에 요새를 세우고, 새로운 무기인 투석기와 전차를 만들었어.

투석기는 공격하기 어려운 성벽을 쉽게 부수었고, 쇠몽둥이를 단 전차는 선두에 서서 승리를 이끌었지. 파탈리푸트라는 상업 중심지였다가 마가다의 두 번째 수도가 되었어. 아자타샤트루 왕은 해안을 차지하고 해상 무역까지 손에 쥐었단다.

하리양카 왕조를 이은 샤이슈나가 왕조 때는 아반티를 정복해 마가다 왕국의 영토로 만들었어. 그리고 샤이슈나가 왕조를 이은 난다 왕조는 마가다 왕국의 왕조 가운데 가장 힘이 셌지. 기원전 326년에 그리스의 알렉산드로스가 쳐들어왔지만, 막강한 마가다 왕국 군대에 밀려 자기네 나라로 되돌아갔을 정도야. 난다 왕조의 마가다 왕국을 인도 최초의 제국이라고 말하기도 해.

마가다 왕국은 통일 제국을 이끌어 가기 위해 권력을 중앙으로 모아서 지방을 다스렸어. 국가의 경비를 마련하기 위해 세금 거두는 방법을 연구했고, 거둔 세금으로 군대를 길러 독립할 기회를 노리는 나라들을 감시했지. 왕위는 아들에게 물려주었고.

높은 지위를 차지한 브라만 계급과 학자는 산스크리트 어를 사용했어. 베다의 신에게 제사 지낼 때도 산스크리트 어를 사용했지. 마가다 왕국이 꽃피운 학문과 사상 그리고 난다 왕조가 상업으로 일군 부는 불교와 자이나교의 경전에 잘 나와 있어. 부처와 마하비라의 가르침은 마가다 왕국에서 시작되어 인도 전체로, 나아가 인도 바깥까지 퍼져 나갔단다.

불교와 자이나교가 퍼지다

마가다 왕국은 갠지스 강 유역을 통일할 때까지 셀 수도 없을 만큼 많은 전쟁을 치렀어. 부처도 자기가 왕자로 태어난 나라가 전쟁에 져서 무너지는 모습을 보았지. 전쟁은 사회와 생활의 기반을 흔들었기 때문에, 불안에 떠는 사람들에게는 위로가 필요했어.

하지만 베다에 뿌리를 둔 종교는 더는 사람들을 위로하지 못했어. 사제 계급인 브라만은 사람들의 마음을 위로하기보다 베다의 신에게 드리는 완벽한 제사 절차에만 몰두했거든. 브라만은 산스크리트 어로 쓰인 베다를 입맛 대로 해석하면서 브라만의 특권을 지키는 일에만 급급하고 다른 계급을 차별했지.

브라만은 누구나 우주의 질서를 유지하기 위해 노력해야 한다는 교리를 만들었어. 우주의 질서를 무너뜨리지 않으려면 절차에 따라 엄격하게 제사를 모셔야 하고, 그 일은 자신들만 할 수 있다고 주장했지. 자칫 제사 절차가 잘못되면 신의 노여움을 사서 해를 입는다고도 했어. 그러니 제사를 부탁하는 사람들은 엄청난 돈을 들이고도 위로는커녕 오히려 불안에 떠는 지경이었지.

그뿐이 아니야. 이때는 소가 철로 만든 쟁기를 끌어 땅을 갈았기 때문에, 소는 농사에 없어서는 안 될 소중한 자원이었어. 그런데 베다의 제사 방식을 따르느라 많은 소를 제물로 바치게 되었고, 농민은 큰 피해를 보았지. 당연히 농민의 불만도 커졌고.

또 무역이 활발해지면서 상공업자의 경제력이 크게 성장했어. 이들이 내는 세금이 나라 살림의 대부분을 차지했기 때문에 상공업자들은 자신들의 힘을 키우려 했지.

결국, 브라만의 위상은 떨어지고, 다른 계급이 목소리를 높이게 되었어. 특히 전쟁을 통해 지도력을 쌓은 크샤트리아 계급인 왕과 경제 활동으로 부를 일군 상공업자들 그리고 땅을 일구어 농업 생산량을 늘린 농민들의 목소리가 커졌지.

이때 마하비라와 싯다르타가 사람들의 마음을 달래주는 자이나교와 불교를 일으켰어. 자이나교와 불교를 처음 만든 사람을 각각 '지나세상의 욕망을 극복한 자'와 '부처깨달음을 얻은 자'라고 불러. 두 종교는 공통점이 많단다. 처음 종교를 연 사람들이 같은 시대를 살았고, 무사 계급인 크샤트리아 출신이며, 평등과 자비와 비폭력을 주장했고, 살생을 금지했어.

평등을 주장한다는 것은 베다에서 강조하는 신분 제도를 인정하지 않는다는 뜻이야.

49일 동안 명상 수행을 한 싯다르타는 '깨달음을 얻은 자(부처)'가 되었다. 싯다르타는 희생물을 바치는 제사보다 올바른 행동이 중요하고, 누구나 욕심을 버리고 수행하면 부처가 될 수 있다고 했다.

또한 자비를 베풀고 살아 있는 것을 죽이지 말라는 가르침은 브라만교의 제사 의식에 도전하는 일이었지. 제사를 지내려면 산 짐승을 잡아서 바쳐야 했으니 말이야.

이렇게 크샤트리아 출신인 두 사람의 종교 개혁이 시작되었어. 마하비라와 싯다르타는 윤회와 업의 굴레에서 벗어나려면 진리를 따라 올바르게 살아야 한다고 말했어. 알아듣지도 못하는 산스크리트 어로, 까다롭기 짝이 없는 제사를 완벽하게 지낸다고 되는 일이 아니라고 했지.

싯다르타와 비슷한 시기에 마하비라는 자이나교를 창시했다. 세상을 떠날 때까지 명상과 고행을 했으며, 진실을 말하고 욕심 없이 살며 생명을 존중하라고 가르쳤다.

자이나교와 불교는 모두 속세를 떠나 수도원에서 수행하며 진리를 전하는 종교야. 부유한 상공업자들은 불교와 자이나교를 위해 수도원을 지어 주었고, 크샤트리아들은 새로운 종교를 만든 사람들을 안전하게 지켜 주었단다.

두 창시자의 제자들은 스승의 가르침을 산스크리트 어로 정리하지 않았어. 자이나교는 아르다마가디 어로, 불교는 팔리 어로 기록했지. 새 술은 새 부대에 담고 싶었나 봐.

경제가 발달하다

기원전 8세기 무렵의 인도 북부는 철기 시대를 보내고 있었어. 사람들은 철로 만든 농기구와 성능 좋은 여러 가지 철제 도구를 썼지. 그런 농기구를 쓰자, 생산성이 높아지면서 수확량이 엄청나게 늘었고, 먹고 남은 농산물을 세금으로 낼 수 있었어.

상공업자들은 생산품을 상품으로 팔았단다. 상인들의 조합이 생겨났고, 조합장도 있었지. 물건을 사고팔려면 여러 곳으로 갈 수 있는 길이 연결되어야 하니, 길도 닦고 새로운 뱃길도 찾아내는 등 교통로를 개척했어.

멀리 떨어진 곳과도 거래를 했지. 그럴 때는 많은 상품을 가지고 먼 길을 여행해야 하는데, 무엇보다 상품과 상인의 안전이 문제였어. 그런데 나라에서 기꺼이 보호하는 일을 맡아 주었어. 이익을 남긴 상인은 왕에게 세금을 바쳤고, 왕은 세금을 거두기 위해 상인을 보호해 주었지.

이렇게 농업과 상업과 수공업이 발달하자 동전을 만들어 거래하는 데 사용했어. 화폐를 사용하자 상품 거래가 수월해졌고, 거래 규모가 커지자 상품을 일정한 곳에 모으게 되어 자연스럽게 시장이 생겨났지. 거래를 원하는 상인은 시장에 모였고, 시장을 중심으로 자연스럽게 도시가 만들어졌단다. 이런 도시들은 상거래가 더 활발해지면서 상업 도시로 발전했고, 부를 쌓아 갔어. 결국, 도시를 운영하는 사람이 도시의 경제를 쥐락펴락하는 힘을 갖게 되었지.

갠지스 강 중류의 여러 도시는 모두 경제적으로 크게 성장했단다. 거래처도 점점 멀리까지 넓혀 외국으로 눈을 돌렸고, 인도네시아와 동남아시아까지 뻗어 나갔지. 상품도 다양해져서 사치품까지 나왔어.

이런 상황에서 마가다 왕국이 여러 나라를 합쳐 인도 북부를 통일할 수 있었던 건 지리 조건이 좋았기 때문이야. 마가다 왕국이 어떤 땅에 있었느냐고? 잘 들어 봐.

농업과 수공업이 발달하자 동전을 만들어 사용했고, 상인들은 시장으로 모여들었다. 시장과 함께 만들어진 도시는 상업 도시로 발전하면서 부를 쌓아 갔다.

먼저, 첫 번째 수도인 라자그리하와 가까운 곳에 질 좋고 풍부한 철광석 광산이 있었어. 철은 생활 도구뿐 아니라 무기와 전차를 만드는 데도 없어서는 안 되는 귀중한 자원이었거든. 통일을 향한 길고 치열한 정복 전쟁을 생각해 봐. 철제 무기의 중요성은 결코 가볍지 않았겠지.

그다음, 기름진 갠지스 강 유역이 영토의 중심부를 차지한 데다 비도 충분히 왔어. 이 땅에서 난 풍부한 농산물 덕분에 세금을 잘 거둘 수 있었지. 또 갠지스 강 유역의 삼림에서는 건축용 목재와 군사용 코끼리를 조달했어.

끝으로, 두 번째 수도인 파탈리푸트라는 하늘이 내린 전략 기지였어. 세 강의 물줄기가 합쳐지는 곳에 자리 잡고 있어서 상품이나 곡물, 군대가 강을 따라 사방으로 이동할 수 있었거든. 그리고 갠지스 강의 수로를 이용해 상업 활동에 유리한 위치를 차지하고 많은 이익을 얻었단다.

마가다 왕국의 최후를 장식한 난다 왕조는 오래가지 못했지만, 그들의 군대 규모는 후세까지 전해졌을 정도야. 그리스 인의 기록에 따르면 난다 왕조는 보병 20만, 기병 6만, 전차 2,000여 대, 코끼리 3,000여 마리를 거느렸다고 해. 이 정도 규모의 군대를 유지하려면 세금을 엄청나게 많이 거두어야 해. 이것만 봐도 마가다 왕국의 경제력이 얼마나 대단했는지 알 수 있지.

기원전 8세기 무렵의 인도는 갠지스 강 유역을 중심으로 성장했다. 마가다 왕국이 인도 북부를 통일할 수 있었던 데에는 갠지스 강 유역의 풍요가 중요한 요소로 작용했다.

역 사 타 임 캡 슐

왕오천축국전

보리수가 멀다고 걱정 않는데
어찌 녹야원이 멀다 하리요.
가파른 길 험하다고만 근심할 뿐
세월의 바람 몰아쳐도 개의치 않네.
여덟 탑을 보기란 참으로 어려운데
오랜 세월을 겪으며 어지러이 타 버렸으니
어찌 보려는 소원 이루어지겠는가.
하지만 바로 이 아침 내 눈으로 보았노라.

통일신라의 승려 혜초는 불교를 공부하려고 20대에 당나라로 유학을 갔다. 당나라에서 다시 인도로 가 4년 동안 공부하며 여행하고, 당나라로 돌아와 『왕오천축국전』이라는 여행기를 남겼다. 이 시는 혜초가 옛 마가다 왕국 지역을 돌아본 후의 감흥을 적은 것이다. 시에 나오는 녹야원은 부처가 깨달음을 얻은 후, 제일 처음 불교의 가르침을 사람들에게 들려준 곳이다.

중국 산시 성 시황제의 무덤에서 발굴된 병사 모양 토기.

기원전 770년 주나라 평왕이 수도를 동쪽의 낙읍으로 옮긴 뒤, 곳곳에서 힘센 제후들이 나타나 중국 천하를 두고 다툼을 벌였어. 그 기간이 무려 500년 넘게 지속되었지. 각 나라는 서로 중국을 차지하려고 다양한 제도를 시행했어. 이 경험들이 기원전 221년 중국을 통일한 진의 제도로 자리 잡으면서 중국 왕조의 기틀이 마련되었단다.

춘추전국과 진

천하를 두고 다투다

주 왕의 권위가 땅에 떨어져 제 구실을 못하자 제후국들 사이에 충돌이 생기고, 이 와중에 가장 강한 힘을 가진 제후가 나타났어. 제후의 우두머리를 패자라고 하는데, 패자가 등장하면서 중국에 춘추 시대가 열리지.

첫 번째 패자는 제나라의 환공이었고, 환공이 죽자 진晉나라의 문공이 패자의 자리를 차지했어. 패자에 오른 사람은 중국 지역을 다스리는 실질적인 힘을 가졌지만, 아직 주나라가 없어진 건 아니었기에 주 왕실을 인정했단다. 그래서 패자는 '왕王'이 아니라 제후로서 '공公'이라고 불렀어.

그런데 기원전 597년 초나라 장왕이 진나라를 크게 무찌르고 세력이 커지면서 상황이 달라졌어. 초나라 장왕도 패자가 되었지만, 더는 '공'이라고 부르지 않았지.

한편 남쪽에서는 오와 월이 성장하고 있었고, 오나라의 왕 합려와 월나라의 왕 구천도 패자에 올랐어. 앞의 제 환공, 진 문공과 초 장왕, 오 왕 합려, 월 왕 구천을 합쳐 춘추 5패라고 해.

그런데 왜 초, 오, 월의 패자는 '공'이 아니라 '왕'일까? 앞에서 황허 강 유역 말고도 남쪽 양쯔 강 유역과 북쪽 랴오허 강 유역에 독자적인 문명이 있었다고 했잖아. 초,

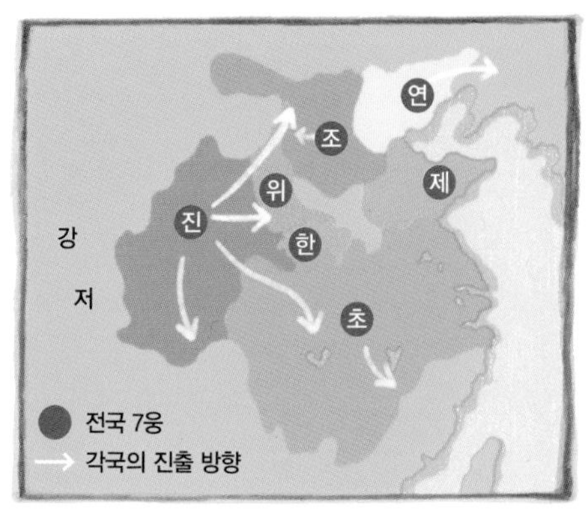

춘추 전국 시대

오, 월은 바로 남쪽에서 성장한 나라야. 그러니 이들은 주 왕을 섬길 필요가 없었지. 이제 제후국은 군사력으로 영토를 넓히고 주의 간섭을 받지 않으면서 직접 나라를 다스리기 시작했어. 이로써 춘추 시대는 막을 내렸어.

그렇다면 이제 평화가 찾아왔을까? 아니, 오히려 그 반대였어. 치열한 싸움이 본격적으로 시작되어 말 그대로 전쟁의 시대, 전국 시대가 열렸어. 기원전 453년 춘추 5패의 하나였던 진晉이 한韓, 위魏, 조趙의 세 나라로 나뉘고, 기원전 403년에는 이들 세 나라가 제후국으로 인정받으면서 본격적인 전국 시대가 시작되었지.

초나라가 오와 월을 무너뜨렸고, 변방에 있던 진秦과 연燕이 등장했어. 이로써 제齊, 초楚, 진秦, 연燕, 한韓, 위魏, 조趙의 일곱 나라가 동시에 중국 천하를 놓고 다투게 되었지. 이들을 전국 7웅이라고 해. 이들 나라의 패자는 스스로 '왕'이라 부르며 주 왕을 떠받들지 않았어. 이로써 주나라의 봉건 질서는 완전히 막을 내렸단다.

각 나라의 왕은 전쟁에서 이기기 위해 나라를 강하게 만드는 법을 찾아야 했어. 우선 세금과 군대가 가장 필요했지. 춘추 시대부터는 철제 농기구를 쓰기 시작했고, 전국 시대에는 철제 쟁기로 거친 땅을 일구었어. 농사지을 땅이 많아지자 생산량도 늘어났지. 게다가 소를 밭갈이에 이용해 일손이 넉넉해지니 부모와 자식만으로도 농사를 지을 수 있게 되었지. 이제 씨족이 아닌 가족이 사회의 기본 단위가 되었단다.

각 나라의 왕은 새로운 개척지에 농민을 이주시켜 철제 농기구와 소를 나누어 주고 안정된 생활을 하도록 했어. 그리고 농민 중에서 젊은 남자들을 병사로 뽑아 군대에 보냈지. 그래서 나라마다 치열한 전쟁을 벌일 수 있었던 거야.

전쟁이 계속되자 많은 제후국이 무너졌고, 무너진 나라의 귀족들은 떠돌아다니는 신세가 되었어. 각 나라의 왕은 이들을 데려다가 군대를 지휘하거나 농민을 다스리는 일을 맡겼어. 세금을 거두고 군사를 모으려면 농민을 다스릴 사람이 필요했거든.

특히 진나라가 떠도는 귀족들을 가장 적극적으로 활용했어. 진나라 효공은 상앙이라는 귀족에게 새 점령지를 직접 다스리게 하고, 백성이 서로 감시하게 하며, 엄격한 상과 벌을 내리는 정책을 펼쳤어. 그 결과 진 왕의 힘이 세지고, 진은 강한 나라로 성장해 중국을 통일하게 되었단다.

백 가지 사상이 꽃피다

진나라가 중국을 통일할 수 있었던 까닭은 무엇보다 상앙을 등용해 그가 생각해 낸 부국강병책을 시행했기 때문이야. 부국강병이란 나라를 부유하게 하고, 군대를 강하게 한다는 뜻이야. 인재 한 사람이 큰 변화를 불러온 셈이지.

춘추 전국 시대에 접어들면서 사람들은 타고난 신분이 아니라 능력에 따라 사회적 지위를 얻을 수 있었어. 특히 전국 시대에 나라 간의 전쟁이 치열해지자 각 나라의 왕에게는 훌륭한 인재가 필요했단다.

여러 학자는 저마다 다양한 의견을 내놓았어. 훌륭한 학자에게는 제자들이 모여들기도 하고, 나라에서는 인재를 모아 학문을 북돋았지. 그 결과 다양한 사상이 나타났는데, 이를 '제자백가'라고 해. 그중에서 유가, 묵가, 법가, 도가가 대표적이야.

제자백가

중국에서는 공자나 맹자처럼 성인이나 훌륭한 학자에게 '자(子)'라는 존칭을 붙였고, 같은 사상을 공부하는 학파를 '가(家)'라고 했다. 즉, 제자백가의 '제자(諸子)'는 수많은 스승이라는 뜻이고, '백가(百家)'는 백 가지 학파라는 뜻이다. 정말 백 가지는 아니었고 그만큼 많았다는 얘기다.

유가는 춘추 시대 공자가 주장한 유학 사상을 따르는 학파야. 공자는 무엇보다 주나라의 질서, 특히 주나라의 규범이었던 '예禮'를 회복해야 한다고 주장했어. 그러기 위해서는 인간의 본성인 '어진 마음仁'을 잘 표현하고 따라야 한다고 했지.

전국 시대에 공자의 사상을 이어 나간 맹자는, 정치는 백성을 위한 것이므로 왕은 어진 마음으로 백성을 다스려야 하고, 백성의 마음을 하늘의 뜻으로 여겨 정책을 펴 나가야 한다고 했어. 나아가 모든 사람의 본성은 착하다는 '성선설'을 주장했지.

한편, 공자의 제자인 순자는 맹자와 달리 사람의 본성은 나쁘기 때문에 예법으로 가르치고 이끌어야 한다는 '성악설'을 주장했어. 유가 사상은 중국뿐 아니라 동아시아 사회에도 지금까지 가장 많은 영향을 끼치고 있단다.

묵가의 창시자는 묵자야. 묵자는 당시의 혼란과 끊임 없는 전쟁은 대대로 이어지는 신분 제도 때문이라고 보았어. 그래서 묵자는 타고난 신분과 권력을 부정하고, 모든 사람을 사랑하는 '겸애'와 왕위를 훌륭한 사람에게 물려주는 '선양'을 강조했단다.

도가는 노자와 장자에 의해 생겨났어. 도가에서는 어떤 일을 억지로 하려 하지 말

고, 자연의 원리대로 물 흐르듯 살아야 한다고 주장했지.

마지막으로 법가는 말 그대로 법에 의한 통치를 중요하게 여겼어. 진나라의 상앙이 바로 법가 사상가란다. 법가에서는 나라가 강해지려면 먼저 왕의 힘이 강해져야 하고, 그러려면 신하와 백성이 모두 왕에게 복종해야 한다고 주장했어. 그리고 복종을 이끌어 내는 방법으로 엄격한 상벌 제도를 꼽았지.

이처럼 제자백가는 춘추 전국 시대의 혼란을 끝낼 방법과 새로운 통치 질서가 무엇일지 고민했어. 이들은 무엇보다 현실을 바꾸려면 정치에 참여해야 한다고 생각했기 때문에 현실 정치와 사회 윤리가 어떠해야 하는지에 대해 많이 생각했단다.

제자백가 사상가들은 신이 아니라 '사람'에 대해 탐구했어. 그리고 자연도 사람과 연관지어 이해하려고 했지. 제자백가가 지금까지 관심을 받는 까닭도 바로 인간을 중심으로 하는 사상이기 때문이지.

천하를 통일하다

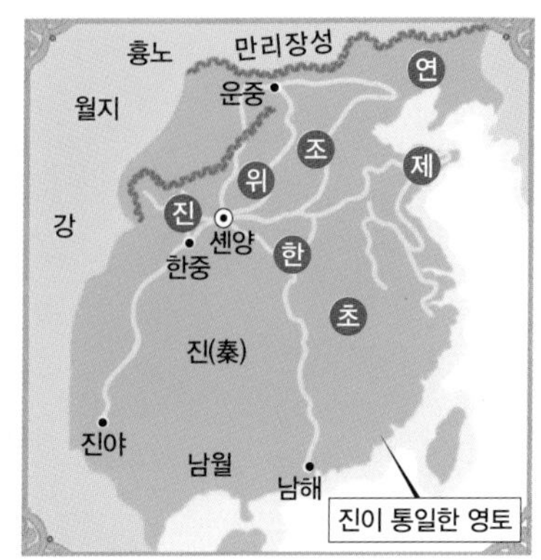

진의 영토 통일

제자백가들이 여러 사상을 꽃피우는 가운데, 법가 사상을 받아들인 진秦나라가 가장 힘센 나라로 떠올랐어. 그러자 진을 제외한 나머지 나라들은 힘을 합쳤어. 진에 맞서야 살아남을 수 있다며 여러 가지 대책을 세우기도 했지.

그래도 진나라의 독주를 막진 못했어. 진은 여섯 나라를 번갈아 가며 공격해 이 나라들의 힘을 빼놓고, 여섯 나라가 서로 힘을 합칠 틈조차 주지 않았거든.

기원전 246년 열세 살의 나이로 진나라 왕이 된 정은 스물한 살 때 재상 여불위의 그늘에서 벗어나 직접 나라를 다스렸어. 정은 기원전 230년 한나라를 시작으로 조, 연, 위, 초를 차례로 공격해 정복했어. 마지막으로 제나라를 무너뜨림으로써 기원전 221년, 마침내 중국을 통일했단다.

중국을 통일한 정은 왕이라는 칭호가 마음에 들지 않았어. 자기가 무너뜨린 나라들도 왕이라는 칭호를 사용했기 때문에 그 나라들을 다스리는 군주의 칭호로 맞지 않다고 생각했지. 그래서 '황제'라는 새로운 칭호를 만들었어. 그리고 자신이 첫 번째 황제니까 '시황제'라고 했단다. 이렇게 해서 진시황이라는 말이 생겨난 거지. 황제 칭호는 청 왕조가 멸망할 때까지 2,000년 동안 중국에서 사용되었어.

진시황은 중국의 영토를 양쯔 강 유역까지 넓혔어. 그런데 이 광대한 땅을 어떻게 다스릴지가 고민이었지. 진시황은 전국을 36개의 군으로 나누고, 이를 다시 현으로 갈라 중앙에서 지방으로 관리를 보내 직접 백성을 다스렸어. 이 제도를 '군현제'라고 해.

군현제는 중앙에서 내려간 관리가 그 지방을 마음대로 지배하는 것이 아니라, 황제

진시황은 자신이 이룬 나라를 둘러보고자 모두 다섯 차례 순행에 나섰다.

의 명령에 따라 다스리는 제도야. 그래서 명령을 전달하는 문서가 매우 중요했기 때문에 진시황은 문자를 통일했어. 그리고 지역마다 달랐던 화폐와 물건을 세는 단위, 수레의 규격까지 통일해 세금과 물자가 원활하게 운반되도록 했단다.

하지만 농업, 의학, 점술 등과 관련된 책과 진나라 역사서를 제외하고는 책이란 책은 모두 태워 버렸어. 황제의 권한을 강화하는 데 바탕이 되는 법가 이외의 사상은 전혀 받아들이지 않았지. 또 자기를 비판하는 학자를 460명이나 산 채로 묻어 죽이기도 했어. 이 사건을 '분서갱유'라고 해. 책(書)을 태우고(焚) 선비(儒)를 구덩이에 묻었다(坑)는 뜻이지.

그런데 이렇게 막강한 힘을 휘두른 진나라에도 걱정거리가 있었어. 북쪽의 흉노가 말을 타고 이동하며 중국으로 내려와 재물을 빼앗아갔거든. 진시황은 흉노를 공격해 북쪽으로 몰아낸 후 황허 강을 따라 성을 쌓았어. 성의 길이가 서쪽 린타오에서 동쪽 랴오둥까지 무려 1만 리나 되었대. 이것이 바로 만리장성이란다.

진시황은 자신이 이룩한 제국의 영토를 확인하고 황제의 위엄도 보여 줄 겸 지방을 돌아다녔어. 이런 여행을 모두 다섯 번 했는데, 기원전 210년 마지막 지방 여행 도중 죽고 말았어. 그러자 신하인 이사와 조고가 마음대로 둘째 아들 호해를 두 번째 황제로 삼았지.

그런데 호해가 황제가 된 후 곳곳에서 농민이 들고일어났어. 이미 진시황 때부터 시작된 대규모 토목 공사로 고된 노역에 시달리던 농민이 더는 참을 수가 없었던 거야. 이 반란 세력 중에는 유방과 항우도 있었어. 기원전 207년 유방이 진 황제의 옥새를 받음으로써 진 제국은 막을 내렸단다.

진시황이 만든 황제 제도와 군현 제도 그리고 만리장성 건설은 이후 왕조에서도 계속 이어졌어. 중국을 영어로 '차이나China'라고 하는데, 이 차이나라는 이름이 바로 '진'에서 비롯된 거야. 그런 의미에서 진은 중국 최초의 통일 제국이자, 2,000년 동안 이어진 중국 왕조의 기틀을 마련한 의미 있는 나라라고 할 수 있지.

역 사 타 임 캡 슐

논어

- 공손함, 너그러움, 믿음, 민첩함, 은혜로움 이 다섯 가지를 실천할 수 있다면 인仁하다고 할 수 있을 것이다. 공손하면 남의 모욕을 받지 않고, 너그러우면 많은 사람의 마음을 얻고, 진실하면 다른 사람이 자신을 믿게 되고, 민첩하면 어떤 일에도 결과를 얻을 수 있고, 은혜로우면 다른 사람을 부릴 수 있기 때문이다.
  -17편 양화
- 인仁이란 극기복례, 즉 자기를 극복해서 예禮로 돌아가는 것이다. -12편 안연
- 배우고 때로 익히니 기쁘지 아니한가? -1편 학이

공자가 살았던 춘추 시대는 제후들이 치열하게 전쟁을 벌이던 시기이다. 이런 혼란 속에서 공자는 사람이 추구해야 하는 가치와 인간관계를 풍요롭게 할 수 있는 질서가 무엇인지 고민했다. 그 결과 공자는 인간의 가치로서 '인(仁)'을 내세웠고, 인을 실천하는 방법이자 인간관계의 질서로 '예(禮)'를 주장했다. 그리고 공자는 사람이 인과 예를 배우고 익혀 그것을 실천할 때 의미가 있다고 보고, '배움'과 '가르침'을 강조했다.
『논어』는 공자가 쓴 책이 아니라, 제자들이 공자와 주고받은 이야기를 떠올려 쓴 책이다. 그러므로 인이나 예에 대한 설명이 질문하는 제자나 상황에 따라 다양하게 표현된 것이 특징이다.

사상과 종교의 위대한 스승들

종교의 어머니 조로아스터교를 창시한 조로아스터 (?~?)

기원전 6세기 페르시아의 예언자로, 조로아스터교를 창시했다. 조로아스터는 세상을 선과 악이 싸우는 곳이라고 여기고, 선의 신 아후라마즈다가 악의 신 아리만을 물리치고 세상을 구원한다고 믿었다. 또한 사람은 어떻게 살았느냐에 따라 죽고 난 후 천국이나 지옥으로 간다고 주장했다. 조로아스터교는 크리스트교, 유대교, 이슬람교, 불교에 큰 영향을 미쳤다.

자이나교를 만든 마하비라
(기원전 599~기원전 527)

자이나교를 창시한 인도의 성자로, 귀족으로 태어났으나 고행과 명상 끝에 깨달음을 얻었다. 불교와 마찬가지로 브라만교를 비판했으며, 세상의 모든 속박과 구속을 벗어 버린 상태를 해탈로 여기고, 집을 떠나 수행할 것과 살아 있는 것은 어떤 것도 죽이면 안 된다고 주장했다. 자이나교는 오늘날 인도에서 여섯 번째로 큰 종교가 되었다.

불교를 만든 싯다르타 (기원전 566~기원전 486)

인도에서 태어난 불교의 창시자로, '부처님', '석가모니' 등 다양하게 불린다. 작은 나라의 왕자로 태어났으나 오랜 수행 끝에 '깨달은 사람(부처)'이 되었다. 카스트 제도를 부정하고, 자비를 베풀며 살 것과 모든 사람은 평등하다고 주장했다. 싯다르타의 가르침을 듣고, 가르침에 따라 수행하는 사람들이 많아지면서 불교가 생겼다.

'너 자신을 알라'고 외친 소크라테스
(기원전 470?~기원전 399)

아테네에서 태어난 철학자로, 사람에게는 절대적이면서 모든 것에 공통하는 보편적 진리가 있다고 주장했다. 거리의 청년들과 철학적 대화를 나누는 것을 일과로 삼았으며, '무지에 대한 자각'을 일깨웠다. 제자 플라톤이 쓴 『대화』와 『향연』에서 그의 행적이 전해진다.

영원하고도 참된 진리를 탐구한 플라톤
(기원전 427?~기원전 347?)

아테네에서 태어난 철학자로, 젊었을 때 정치에 뜻을 두었으나 스승 소크라테스의 죽음을 보고 철학 연구에만 전념했다. 플라톤은 세상에는 변하지 않는 진짜 실체인 '이데아'가 있다고 생각하고, '이데아'를 보려면 영혼을 갈고 닦아야 한다고 주장했다. 아카데미아라는 학원을 세워 제자들을 길렀으며, 아리스토텔레스의 스승이다.

유교를 창시한 공자 (기원전 552~기원전 479)

춘추 시대 노나라에서 태어난 사상가로, 50세가 넘어 벼슬을 했으나 곧 그만두고 제자들과 여러 나라를 돌아다니며 가르치고 책 쓰는 일을 하며 말년을 보냈다. 자식은 부모에게 효도하고 왕은 백성을 덕으로 다스려야 한다는 '인仁'을 사상의 근본으로 삼았다. 『서경』과 『시경』을 편집했으며, 공자의 언행을 기록한 『논어』가 전해진다.

도가의 창시자 노자 (?~?)

기원전 4세기 춘추 시대 초나라에서 태어난 사상가로, 주 왕실의 책을 관리하는 일을 했다고 한다. 노자는 사람을 구속하는 모든 제도가 부질없는 것이라고 보는 '도가 사상'과, 인위적인 행동을 하지 않고 자연스럽게 살아가는 '무위자연'을 주장했다. 노자의 사상은 장자가 이어받았으며, 공자의 유가 사상과 함께 중국 사상사에 큰 영향을 미쳤다. 노자가 쓴 『도덕경』이 전해진다.

역사용어풀이

영토(領土 : 다스릴 영, 흙 토) 한 나라에 속하는 땅. (92쪽)

제국(帝國 : 임금 제, 나라 국) 황제가 다스리는 나라. (92쪽)

원정(遠征 : 멀 원, 칠 정) 먼 곳으로 싸우러 나감. (94쪽)

패권(霸權 : 으뜸 패, 권세 권) 어떤 나라가 다른 나라를 이기고 자기의 힘이 미치는 영역을 넓혀, 으뜸 자리에 올라 누리는 권력. (96쪽)

문물(文物 : 글자 문, 물건 물) 문화에 의해 생겨난 것. 정치, 경제, 종교, 예술, 법률 등 문화에 관한 모든 것을 통틀어 이르는 말이다. (100쪽)

민주주의(民主主義 : 백성 민, 주인 주, 주장할 주, 뜻 의) 국민이 나라의 주인이 되어 권력을 스스로 사용하는 정치 제도 또는 그런 정치를 바람직하게 여기는 생각. 인권, 자유, 평등, 다수결의 원리, 법치주의 같은 것들을 기본 원리로 삼는다. (102쪽)

공화정(共和政 : 함께 공, 화합할 화, 정치 정) 왕 한 사람이 아니라, 국민이 뽑은 대표자들이 함께 나라를 이끌어 가는 정치 제도. (111쪽)

유목민(遊牧民 : 여행 유, 짐승 기를 목, 백성 민) 가축을 기르면서 물과 풀이 있는 곳을 따라 옮겨 다니며 사는 민족. 주로 중앙아시아, 몽골, 사하라 같은 건조 지대나 사막 지대에 산다. (116쪽)

자비(慈悲 : 사랑할 자, 슬퍼할 비) 다른 사람을 깊이 사랑하고 가엾게 여기는 마음 또는 그렇게 여겨서 베푸는 혜택. (133쪽)

윤회(輪廻 : 바퀴 윤, 돌 회) 차례대로 돌아간다는 뜻. 불교에서 사용하는 말로, 수레바퀴가 끊임없이 돌고 도는 것처럼 사람이 태어나 살다가 죽은 다음 다시 태어나기를 반복한다는 뜻. (133쪽)

부국강병(富國强兵 : 부자 부, 나라 국, 강할 강, 군사 병) 나라를 부유하게 만들고 군대를 강하게 함. (141쪽)

등용(登用 : 사람을 뽑아 올릴 등, 쓸 용) 인재를 뽑아서 씀. (141쪽)

4 네트워크의 발달

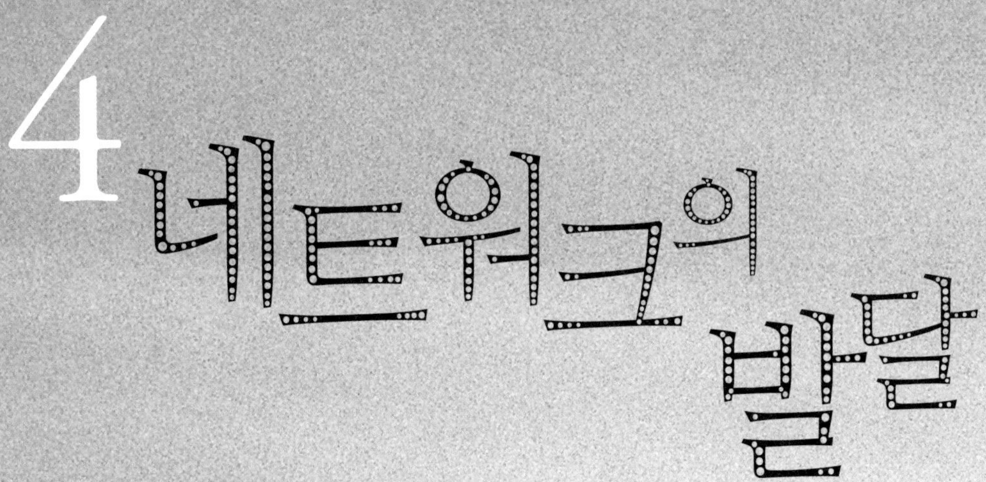

▼ **기원전 139년**
한 무제, 장건을
대월지에 보내
비단길을 개척하다.

▼ **기원전 90년**
한의 사마천,
『사기』를 완성하다.

▼ **기원전 27년**
로마, 실질적인
황제정이 시작되다.

기원후

▼ **78년**
월지 민족,
쿠샨 제국을 세우다.

한과 동아시아

중국 문화의 기틀을 마련하다
동아시아 연결망를 만들다
유학이 중국 문화로 자리 잡다
[역사 타임캡슐] 태사공 자서
[모둠 전시관] 비단길과 동서 교류

마우리아와 쿠샨

첫 통일 국가를 세우다
아소카가 영토를 최대로 넓히다
간다라 미술이 발달하다
[역사 타임캡슐] 마애 법칙

로마 제국과 게르만 세계

공화정에서 황제정으로 바뀌다
로마가 지중해 세계를 하나로 통합하다
크리스트교를 국교로 삼다
게르만 족이 성장하다
[역사 타임캡슐] 클라우디우스 연설

[세계사 사전] 제국의 위대한 황제들

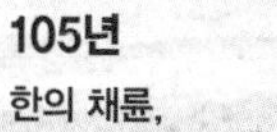

105년
한의 채륜,
종이를 개량하다.

220
한나라 멸망,
위·촉·오 삼국
시대가 시작되다.

226년
사산조 페르시아,
파르티아를 정복
하다.

304년
5호 16국 시대가
시작되다.

375년 무렵
게르만 족,
대이동을 시작하다.

392년
로마, 크리스트교를
국교로 삼다.

공자의 고향 취푸에 있는 공자 사당의 공자상.

진 제국은 최초로 중국을 통일하고 새로운 제도를 마련했지만, 15년이라는 짧은 통치 기간에 제도를 정착시키기는 어려웠어. 하지만 한 제국은 400년이나 중국을 지배했지. 한족, 한자, 한어라는 말 들어 봤지? 한은 곧 중국의 대명사가 되었어. 한 제국에서 만든 제도와 문화가 중국의 전통으로 자리 잡았기 때문이란다.

한과 동아시아

중국 문화의 기틀을 마련하다

진 제국 말기에 농민이 들고일어날 때, 항우와 유방도 여기에 함께했어. 두 사람 가운데 먼저 관중 지방에 들어가는 사람이 왕이 되기로 약속했는데, 유방의 군대가 먼저 들어갔지. 그러나 유방의 군대는 10만 명, 항우의 군대는 40만 명이었기 때문에 진 제국이 무너진 뒤 생긴 공백은 항우가 중심이 되어 이끌었어.

항우는 스스로 서초의 패왕이라 부르며 공을 세운 신하들에게 땅을 나누어 주었어. 이때 유방은 한의 왕이 되었는데, 한이라는 나라 이름은 여기에서 비롯되었지. 약속과 달리 관중의 땅이 아닌 한중의 땅을 받은 유방은 불만을 품고 다시 관중으로 쳐들어갔어. 이로써 초나라 항우와 한나라 유방의 전쟁이 시작되었지.

기원전 202년 유방이 이끄는 군대가 항우의 군대를 포위하자, 항우는 스스로 목숨을 끊었어. 이렇게 해서 초와 한의 전쟁이 끝나고 유방이 황제가 되었어. 유방이 바로 한 고조란다.

고조는 먼저 친척과 공을 세운 신하를 제후로 임명하고, 수도에서 먼 지역의 땅을 나누어 주었어. 주나라 때의 봉건제를 되살린 거지. 또 수도에 가까운 지역에는 진 제국처럼 관리를 내려보내는 군현제를 시행했어. 이처럼 한 제국은 봉건제와 군현제

한의 군대를 그린 그림. 한나라의 힘이 가장 강했던 건 무제 때였다. 무제는 영토를 넓히고 나라의 힘을 키우고자 많은 노력을 했다.

를 알맞게 섞은 '군국제'를 시행했지. 그래서 황제가 직접 다스리는 지역은 15개 군이고, 제후국은 30여 군이나 되었어.

황제들은 제후 왕의 힘이 커지는 것을 막고 자신의 권력을 더 키우고 싶었을 거야. 그래서 황제들은 제후 왕의 땅을 줄이는 정책을 펴 나갔어. 당연히 제후 왕들이 반발했지. 결국, 기원전 154년 경제 때 오와 초를 비롯한 일곱 나라의 제후국이 힘을 합쳐 난을 일으켰어. 그러나 경제는 난을 누르고, 제후 왕에게 주었던 땅도 줄여 버렸어.

이후 무제는 제후 왕이 죽으면 그 땅을 제후의 자식들에게 똑같이 나누어 주도록 명령했어. 제후의 땅을 나누다 보면 제후의 권력도 줄어드니, 이 정책은 결국 황제의 힘을 더욱 키워 주었지.

황제의 권력이 강해지니 그 힘이 각 지방의 백성한테까지 직접 미치게 되었어. 한 제국에서는 황제 즉위나 황제의 성인식, 혼례 같은 국가 경사가 있을 때 백성에게 작위를 주었어. 한이 통치한 400년 동안 300번이나 시행했대. 작위를 받은 백성이 귀족이 되는 것은 아니지만, 세금 감면을 비롯한 몇 가지 혜택을 받았지. 그만큼 황제가 백성의 생활을 잘 헤아리고 있었던 거야.

무제는 연호도 사용했어. 한의 황제들뿐 아니라 중국 예전 황제들도 연호를 썼지. 연호는 제후 왕은 쓸 수 없는 황제 통치의 상징이었거든.

앞에서 진시황이 문자를 통일했다고 했지? 그 당시의 문자는 '전서'라고 해서, 획수도 많고 곡선도 많아서 글씨를 쓰는 데 시간이 많이 걸렸어. 그런데 한나라 때는 관리들이 처리해야 할 일이 많다 보니 글을 빨리 쓰기 위해 곡선을 직선으로 바꾸고, 획수도 줄여서 썼어. 그것이 '예서'라는 글자체야. 지금 우리가 아는 한자의 모습이 바로 예서란다.

동아시아 연결망을 만들다

기원전 200년에 흉노와 한나라의 싸움에서 한 고조가 져서, 흉노와 사이좋게 지내자는 조약을 맺었다고 한 것 기억나지? 한으로서는 굴욕적인 외교였어.

한편, 남쪽에는 '남월'이 있었어. 한 고조는 기원전 196년에 남월에 사신을 보내 남월의 군주 조타를 '남월 왕'으로 임명했고, 조타도 자신이 황제의 '신하'라고 했어. 한과 남월이 임금과 신하의 관계를 맺은 거지. 이는 한나라가 최초로 다른 민족의 나라를 제후국으로 삼은 일이었어.

이때 한반도에는 고조선이 있었는데, 중국 연나라의 위만이라는 관리가 고조선으로 넘어와 고조선의 준왕을 몰아내고 권력을 차지했어. 이후 위만은 남월처럼 한나라와 군신 관계를 맺었어.

조타나 위만은 한나라 황제가 임명하지 않았어도 각자 남월과 고조선의 왕으로 나라를 다스리고 있었어. 그런데 이들이 굳이 한나라 황제와 군신 관계를 맺은 까닭은 뭘까?

먼저 한나라는 흉노와 사이좋게 지내기로 한 대가로 들어가는 비용이 만만치 않았기 때문에 다른 나라가 쳐들어오는 것을 미리 막고자 했어. 그리고 고조선이나 남월로서는 한나라와 가까이 지내면 철이나 무기 같은 발달된 문물을 얻을 수 있었지.

군현제와 봉건제를 섞은 군국제를 시행한 한나라는 봉건제를 주변 국가에게도 적용했어. 그래서 한나라 안의 제후국을 내번, 한나라 바깥의 제후국을 외번이라고 했어. 다만 내번은 황제나 중앙의 간섭을 받았지만, 외번은 그곳의 왕이 독자적으로 다스렸다는 차이가 있지.

이렇게 다른 나라와 군신 관계를 맺는 것을 책봉 체제라고 해. 이 책봉 체제로 한나라와 주변 국가가 이어지면서 동아시아가 하나로 연결되었어. 책봉 체제는 한 제국 이후에도 지속되어서 동아시아 문화권을 형성하는 데 크게 이바지한단다.

기원전 140년, 무제가 황제 자리에 오르면서 이러한 국제 관계에도 변화가 생겼어. 무제는 무엇보다 흉노를 누르고 싶었어. 그래서 흉노에게 쫓겨난 월지국을 찾아 군사 동맹을 맺고 흉노를 공격할 계획을 세웠지. 그리고 기원전 138년, 장건을 사신으로 뽑아 월지국으로 떠나도록 했어.

기원전 119년에 한나라는 흉노를 북쪽으로 밀어내는 데 성공했어. 하지만 남월, 고조선과 전쟁이 일어나면서 무제는 흉노와의 전쟁을 멈추어야 했지.

남월에서 한나라와의 군신 관계를 반대하는 세력이 권력을 잡자, 기원전 112년에 무제가 군사를 보내 남월을 치고, 그 땅을 9개의 군으로 나누었어.

한 무제의 사신으로 월지국에 갔던 장건은 중간에 흉노에 잡혀, 흉노에서 결혼한 아내와 자식을 데리고 다시 돌아오기까지 13년이 걸렸다. 장건은 서역에 관한 여러 가지 정보와 과일을 무제에게 선물했다.

고조선도 위만의 손자 우거왕이 고조선 주변의 나라들과 한나라가 직접 교류하는 것을 막았어. 그러자 무제는 기원전 109년에 고조선을 공격했고, 이듬해 고조선을 무너뜨려 그 땅을 4개 군으로 나누어 다스렸단다. 남월과 고조선에 군을 두었다는 것은 한나라가 이 지역을 직접 다스렸다는 뜻이야.

이처럼 무제는 숱한 전쟁을 치렀어. 그렇다면 전쟁에 필요한 비용은 어떻게 모았을까? 기원전 119년, 무제는 소금과 철을 나라에서 독차지해 팔았어. 소금은 사람이 사는 데 없어서는 안 되는 필수품이고, 철은 농기구를 만드는 데 꼭 필요했지. 무제는 관청에서만 소금을 팔게 하고, 철이 나는 곳에 관청을 두어 그곳에서 철기를 만들어 팔았어. 그렇게 번 돈으로 나라의 곳간을 채운 거지.

무제는 상품을 팔아 이익을 냈기 때문에, 상품과 바꾸기 쉽고 지니고 다니기도 편

한 무제 때 만든 화폐 오수전에는 무게를 나타내는 오수(五銖)라는 글자가 새겨져 있다.

한 화폐가 필요했어. 그래서 기원전 118년에 오수전이라는 화폐를 만들어 쓰기 시작했고, 세금도 대부분 이 화폐로 거두었다고 해. 오수전은 이후 700년 동안이나 중국에서 사용되었어.

무제는 황제의 명령을 무조건 받들고, 법을 충실히 지키며 엄격하게 시행하는 관리들을 뽑아 이 일을 맡겼어. 그래서 무제의 경제 정책은 성공을 거둘 수 있었단다.

유학이 중국 문화로 자리 잡다

무제를 도와 개혁을 시행했던 신하들은 철저히 법을 지키는 사람들이었어. 제자백가 중 법가 사상가라 할 수 있지. 그럼 무제는 법가 사상을 통치 이념으로 삼았을까? 그렇지는 않아. 오히려 무제는 유가에 관심을 두었어.

법가를 채택했던 진 제국이 15년 만에 멸망했기 때문에 한 제국의 황제들은 법가를 견제했어. 특히 무제는 백성들이 황제를 무서워해서 따르기보다 스스로 존경하여 따르길 바랐지.

마침 동중서라는 사람이 하늘과 사람은 하나라는 주장을 내세웠어. 무슨 말이냐면, 황제는 사람의 일뿐 아니라 자연의 흐름도 책임지기 때문에 황제가 정치를 잘하면 좋은 현상이 나타나고, 잘못하면 자연 재해를 내려 경고한다는 주장이야. 무제는 이처럼 황제의 소임을 중요하게 여긴 동중서의 주장을 받아들여 유가를 나라를 다스리는 중요한 사상으로 삼았단다.

이 시기에 사마천은 『사기』라는 역사책을 썼어. 『사기』는 무려 130권이나 되는데,

공자에게 제사 지내는 유방. 유가 사상은 황제를 꼭짓점으로 가부장 질서와 충효를 강조했다. 백성이 스스로 황제를 존경하길 바란 한 제국에 유가는 꼭 필요한 사상이었다.

양도 많지만 역사를 써 나가는 방식이나 인물에 관한 평가 같은 게 이후 학자들이 역사책을 쓰는 데 본보기가 되었어. 그래서 지금도 가장 훌륭한 역사책으로 평가 받고 있지.

한편, 11대 황제인 원제 때부터 외척인 왕씨 집안이 세력을 키웠는데, 그중에는 왕망이라는 사람이 있었어. 왕망은 기원후 8년에 평제를 죽이고 황제에 올라 나라 이름을 '신新'으로 바꿨어.

왕망은 스스로 유가의 수호자라고 하면서 유가의 원리대로 나라를 다스리고자 했지. 공자가 그랬듯이 왕망도 주나라를 가장 이상적인 나라로 생각해 주나라의 정전법을 본보기로 한 토지 개혁을 실시했어. 그뿐 아니라 주변 국가와의 관계도 바꾸었어. 왕망은 한족은 우수한 민족이고, 주변 민족들은 뒤처진 존재라고 생각해 서역의 여러 나라와 고구려 왕의 지위를 후侯로 낮춰 버렸어. 당연히 주변 국가들이 반발했

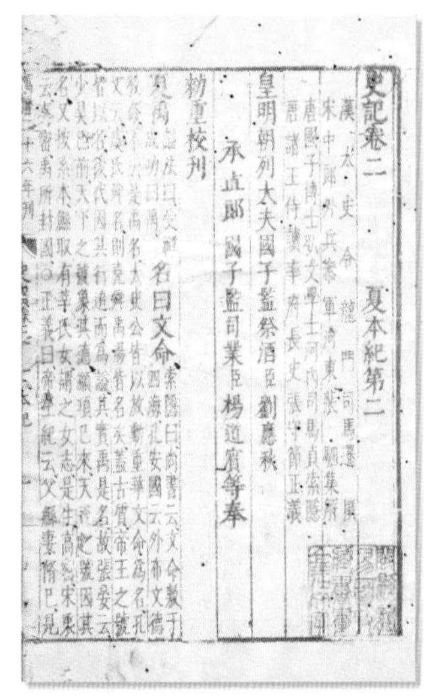
史記卷二　夏本紀第二

皇明朝列大夫國子監祭酒臣劉應秋

承直郎國子監司業臣楊道賓等奉

勅重校刊

夏禹名曰文命

사마천은 중국 최초 시대부터 한 무제 때까지 2,500년의 역사를 서술한 『사기』를 썼다.

고, 결국 신나라와의 관계는 끊어졌지.

백성의 생활도 편안하지 않아 반발이 잦았고, 한 제국 황실의 후손도 반란을 일으켰어. 결국, 황족 유수가 신나라를 무너뜨리고 25년에 스스로 황제가 되었는데, 그가 바로 광무제야. 광무제는 뤄양을 수도로 삼고 다시 한 제국을 일으켰단다. 이때의 한 제국을 '후한'이라고도 해. 신나라 이전의 한나라를 '전한'이라 하고.

광무제의 뒤를 이은 명제 때는 반초와 반용 부자의 노력으로 서역과 관계가 회복되면서 비단길을 통한 문물과 문화 교류가 다시 활발하게 이루어졌지.

그러나 얼마 못 가 외척 두씨와 양씨 집안의 권력 다툼이 일어나고, 여기에 환관들까지 끼어들면서 황제가 자주 바뀌는 혼란이 이어졌어. 중앙이 어지러우니 그 틈을 타고 각 지방에서 세력가들이 등장했지. 이들이 조조, 유비, 손권이야.

조조는 한의 실질적인 권력자가 되었고, 유비는 촉한을, 손권은 오나라를 세워 중국을 셋으로 나누어 다스렸어. 200년에는 조조의 아들 조비가 한을 버리고 새롭게 위나라를 세웠어. 이로써 『삼국지』에 등장하는 위, 촉, 오 삼국 시대가 열리고, 긴 분열의 시대가 시작된단다.

역사 타임캡슐

태사공 자서

진秦나라 때 사라진 온갖 옛 책과 기록을 모아 왕들이 한 일을 탐구하고, 나라가 발전하고 기우는 과정을 관찰한 다음, 역사적 사실을 기록했다. 그리고 간략히 삼대三代와 진한秦漢 때 일어난 일을 더함으로써, 위로는 헌원 황제부터 아래로는 지금의 황제 무제에 이르기까지를 기록하여 '12본기'를 썼다. 그런데 기록에는 시대가 같은 것도 있고 다른 것도 있어 연대의 차이가 분명하지 않으므로 '10표'를 만들었다.

시대에 따른 예, 악, 율, 달력, 천문, 제사 등에 관한 문제점과 변화에 대한 내용으로 '8서'를 지었다. 또 별자리 18수가 북극성을 중심으로 돌고 있는 것처럼, 신하들이 충성을 다해 황제를 받드는 내용을 '30세가'로 지었다. 정의롭고 씩씩하여 남에게 억눌리지 않으며 세상에 나아가 이름을 떨친 사람들의 이야기로 '70열전'을 지었다. 모두 130편이다.

「태사공 자서」는 태사공, 즉 사마천 자신이 책을 쓴 까닭과 구성, 집안 내력, 경력 등을 설명한 부분이다. 『사기』 마지막 편에 실려 있지만, 머리말 같은 의미를 갖는다. 특히 황실의 역사를 기록한 '본기', 연표, 제도와 문물을 다룬 '서', 제후국의 역사인 '세가', 본보기가 될 만한 인물이나 민족을 다룬 '열전'으로 전체를 구성한 방식은 이후 중국 역사책의 본보기가 되었다. 다른 역사책은 그 책을 쓴 시대의 역사만 다루었는데, 『사기』는 하나라부터 책을 쓸 당시까지의 전체 역사를 기록했다. 또 역사적 사실만 쓴 것이 아니라 도덕적 평가와 더불어 교훈까지 이야기하고 있다.

모 둠 전 시 관

비단길과 동서교류

한 무제의 명령으로 서역에 파견된 장건이 돌아온 후, 비단길은 동서 문물의 통로로 이용되었어. 한 나라는 서쪽의 파르티아 제국 및 유럽의 로마 제국과도 교역할 수 있게 되었지. 또한 비단길을 통해 중국의 종이 제작 기술이 서방에 전해지고, 인도의 불교가 중국에 전해졌단다.

비단길 경로

초원길

중앙아시아 북부의 초원 지대를 가로지르는 동서 교역로로, 한나라 이전부터 문명이 교류된 길이야. 기원전 5세기 이후에는 오늘날 우크라이나에 살고 있던 스키타이 사람들의 예술 양식도 이 길을 통해 동방에 전해졌어. 몽골과 준가얼 분지의 유목 국가들은 시베리아의 모피와 중국의 비단을 이 길을 통해 유럽으로 수출했어.

오아시스길(비단길)

로마에서 시작해 서아시아와 중앙아시아를 거쳐 중국의 장안까지 이어졌던 무역로야. 원래 유럽 사람들과 서역 사람들이 교류하던 길인데, 한나라의 장건이 개척해 장안까지 이어졌지. 중국 특산물인 비단이 이 길을 통해 유럽으로 전해졌다고 해서 '비단길'이라고도 해. 종교와 미술 같은 문화도 함께 전해졌지. 오아시스길을 차지하면 막대한 무역 이익을 낼 수 있었기 때문에 중국과 서역 나라들은 이 지역을 두고 치열하게 다투었단다.

바닷길

중국에서 인도양을 거쳐 페르시아 만 또는 홍해 등을 거쳐 중동의 여러 나라로 통하는 해상 교역로를 말해. 바닷길을 통해 중국과 인도, 중동 지역 사이의 교류가 이루어졌지. 중국에서는 비단과 도자기를 수출하고, 중동 지역에서는 유리와 향신료를 수출했어. 중국에서 인도로 운송된 비단은 로마로 운송되기도 했지. 또 중국에서 인도로 불법을 공부하러 가는 승려들도 바닷길을 이용했어.

장건의 서역 원정

기원전 139년, 장건은 한 무제의 명령으로 서역의 대월지(지금의 키르키스스탄)와 동맹을 맺으러 장안성을 떠났어. 하지만 가는 도중에 흉노에게 붙잡혔고, 10년 만에 탈출해, 대월지를 찾아갔지. 그러나 대월지는 흉노와 전쟁할 마음이 없었어. 장건은 1년여 동안 중앙아시아 각지를 여행하면서 견문을 넓힌 후 한으로 돌아오다가, 다시 흉노에게 붙잡히고 말았지. 하지만 흉노에 내분이 일어난 틈을 이용해 장건은 장안으로 돌아왔단다. 떠난 지 13년 만의 일이었어.

서역

중국인들이 중국 서쪽 지역의 여러 나라를 가리킨 말이야. 넓게는 중앙아시아, 페르시아, 소아시아, 이집트, 인도까지 가리키지. 좁게는 동투르키스탄의 타림 분지(오늘날 신장웨이우얼 자치구) 주변의 나라들을 말해. 이곳은 오아시스가 드문드문 흩어져 있는 데다 동서 세계를 연결하는 교통의 요지여서 일찍부터 여러 나라가 차지하고 싶어 했어. 한나라 초기 타림 분지는 흉노의 차지였지만, 장건의 서역 원정 이후 한나라는 흉노를 물리치고 비단길을 차지했단다.

흉노

기원전 4세기 말부터 약 500년 동안 몽골에서 번성한 기마 민족 또는 그들이 세운 나라를 말해. 진시황이 중국을 통일할 무렵, 묵돌이 몽골 고원의 여러 부족을 통일하고 유목 국가의 군주가 되었어. 그리고 자주 진나라에 쳐들어와 못살게 굴었지. 그래서 진시황은 만리장성을 쌓은 거고. 흉노는 서역의 오아시스 국가들을 정복해 세금을 거두며 나라의 힘을 키웠어. 한 무제도 서역의 월지와 함께 흉노를 공격하기 위해 장건을 서역으로 보냈지.

❶ 파미르 고원

❷ 톈산 산맥

❸ 타클라마칸 사막

❹ 고비 사막

장건이 지나간 길은 톈산 산맥을 넘어 타클라마칸 사막, 파미르 고원, 카스피 해까지 이르는 험난한 길이야. 장건의 개척으로 7,000미터에 이르는 동서 교역로가 완성되었단다.

키르기스 초원
몽골 고원
❹ 고비 사막
타나이스
아랄 해
카스피 해
흑해
❷ 톈산 산맥
투루판
로마
제국
비잔티움
사마르칸트
소륵
❸ 타클라마칸 사막
둔황
안서
안티오크
박트라
❶ 파미르 고원
장안
뤄양
지중해
파르티아 제국 (안식국)
알렉산드리아
아라비아
천축국(인도)
한
페르시아 만
이집트
메디나
메카
파탈리푸트라
반우
악숨
일남
태평양
인도양

동서양을 변화시킨 비단길 교역품

종이, 화약, 나침반, 비단, 도자기, 칠기

로마

서역

중국

불교, 비파, 공후, 북, 후추

포도, 석류, 마늘, 참깨

유리, 크리스트교

아소카 왕이 세운 돌기둥의 사자 장식.

기원전 4세기 무렵 찬드라굽타가 마가다 왕국의 난다 왕조를 무너뜨리고 마우리아 제국을 세웠어. 북인도에 수도를 정한 마우리아 제국은 인도 대륙을 남쪽 끝부분만 빼고는 모두 차지했고, 페르시아와 중앙아시아의 간다라 지역까지 영토를 넓혔어. 불교로 종교를 바꾼 아소카 왕은 전국에 왕의 명령을 새긴 돌기둥을 세워 인도 역사상 가장 오래된 기록을 남겼단다.

마우리아와 쿠샨

첫 통일 국가를 세우다

마우리아 제국을 세운 찬드라굽타는 아버지가 마가다 왕국의 난다 왕조에 속한 크샤트리아였어. 그런데 어머니가 가장 낮은 계급인 수드라 출신이라 어머니 계급과 성을 따라 수드라 계급과 마우리아라는 성을 물려받았지.

찬드라굽타는 알렉산드로스가 인도 북부를 떠난 후 서북 인도에 남아 있던 알렉산드로스의 군대를 몰아내고 그 자리를 차지했어. 나중에 셀레우코스가 알렉산드로스의 옛 영토를 찾겠다며 쳐들어왔지만, 찬드라굽타는 이를 물리치고 오히려 북서부 산악 지대의 여러 지방까지 빼앗았지. 그리고 여세를 몰아 난다 왕조를 밀어내고 마가다를 차지해 인도 최초의 통일 국가인 마우리아 왕조를 세웠단다.

마가다 지역은 갠지스 강을 끼고 상업이 발달한 데다 기름진 땅과 철광석이 풍부한 광산까지 있었어. 수도 파탈리푸트라를 중심으로 제국이 자리 잡기 좋은 위치였지.

마우리아 제국의 동전.
찬드라굽타의 모습이 새겨져 있다.

마우리아 왕조는 이런 지리적인 이점을 바탕으로 점차 영토를 넓혀 마침내 인도 전체를 통일하고 제국을 세웠어. 북쪽은 히말라야 산맥, 남쪽은 빈디아 산맥 너머까지, 동쪽은 벵갈 만에 이르고, 서쪽은 아라비아 해에서 힌두쿠시 산맥에 이르는 드넓은 땅에 인도 역사상 처음으로 통일 제국을 세운 거야. 찬드라굽타는 이제 왕이라기보다는 황제라고 불러야 어울리는 자리에 올랐지.

찬드라굽타에게는 카우틸랴라는 재상이 있었어. 그는 찬드라굽타를 도와 마우리아 제국의 기초를 다졌어. 카우틸랴는 『아르타샤스트라』라는 책을 썼는데, 이 책에는 체면보다 실제 이익을 중요하게 여기는 마우리아 제국의 정치 사상이 드러나 있단다. 이 책은 정치, 군사, 외교의 지침서라고도 할 만해. 세부적으로는 사회 제도, 법률, 경제, 산업, 교통, 교육, 종교, 문화까지 다루고 있거든.

마우리아 제국의 왕들은 중앙아시아와 서아시아를 다스리던 셀레우코스와 서로 사절단을 파견하면서 사이좋게 지냈어. 사절단은 오늘날의 외교관이라고 할 수 있지. 셀레우코스의 사절로 몇 년 동안 찬드라굽타의 궁정에 드나들었던 메가스테네스는 나중에 책을 써서 찬드라굽타 시대의 북인도 모습을 자세히 남겼단다.

마우리아 제국은 주변 나라들과 평화롭게 지냈기 때문에 도로를 건설하고 국내와 해외 무역도 활발하게 했어. 잘 조직된 행정 기구로 나라를 다스렸고, 세금을 거두어 거대한 군대를 유지했지. 또 사원을

마가다 왕국의 전사였던 찬드라굽타는 알렉산드로스의 군대를 물리친 뒤, 마가다 왕국까지 무너뜨리고 마우리아 제국을 세웠다. 재상 카우틸랴와 함께 제국의 통치 기반을 마련했다.

짓고, 논밭에 물을 대는 관개 사업으로 농작물의 수확을 늘렸어. 상공업에 종사했던 바이샤 계급의 사업은 번창했고, 수공업이 발달하면서 수공업 조합도 생겼지.

마우리아 제국은 왕위를 자식에게 물려주는 전제 군주 국가였고, 권력을 중앙으로 모으기 위해 모든 관리를 중앙에서 임명해 내려보냈어. 그러나 관리들에게 봉급을 주고 군대를 유지하느라 세금을 너무 많이 거두었고, 관리를 뽑는 객관적인 제도가 없어서 인재를 공정하게 뽑을 수 없었지. 게다가 종교 행사를 너무 많이 열어 나랏돈을 낭비했어. 결국, 마우리아 왕조가 펼친 새로운 시도들은 좋은 결과를 얻지 못했지. 그러다 보니 마우리아의 뒤를 잇는 왕조는 카스트 제도가 중심이 되는 이전의 사회로 되돌아갈 가능성이 커졌단다.

아소카가 영토를 최대로 넓히다

마우리아 제국의 세 번째 왕 아소카는 엄청나게 넓은 영토를 물려받았어. 게다가 강대국 칼링가를 정복하면서 마우리아 제국은 아소카 왕 재위 시절에 가장 세를 떨쳤단다. 남쪽의 일부 지역만 빼고 사실상 인도 반도 전체를 아우르는 대국이었지.

아소카는 전쟁으로 희생된 수많은 목숨을 안타까워했어. 그래서 불교를 믿으며 반성하고, 다시는 전쟁을 하지 않았단다. 그는 불교의 진리인 '다르마법'로 제국을 다스리기로 마음먹었어. 이렇게 해서 탄생한 것이 바로 아소카 왕의 다르마 통치야.

아소카 왕은 너그러움과 비폭력을 강조하고, 불교의 평등 사상에 따라 자비로 백성을 다스리려고 했어. 그래서 나라를 다스리는 정신인 불교를 보호하고 퍼뜨리는 데 애쓰면서 모든 종파가 서로 너그러워질 것을 강조했어.

마우리아 제국은 땅이 넓은 만큼 여러 민족이 섞여 있었어. 그런 사람들을 마우리

아소카 왕 시절 마우리아 제국은 인도 대륙 전체를 아우르는 대제국으로 성장했다. 하지만 전쟁으로 집과 가족을 잃은 노인과 아이를 보면서 아소카 왕은 다시는 전쟁을 하지 않겠다고 마음먹었다.

아 제국의 백성으로 만들려면 행정 조직과 군대만으로는 어림없었지. 그래서 모든 것을 껴안고 사랑으로 다스리는 다르마 통치 정책을 펼치겠다고 생각한 거야.

아소카 왕은 다르마 통치를 통해 사회적, 경제적, 종교적 갈등을 줄일 수 있다고 보았어. 그는 살아 있는 모든 생명을 소중히 여겨 동물 병원도 세웠지. 아마 인류가 만든 최초의 동물 병원일 거야. 또한 사냥과 동물 희생 제사도 금지했어. 그래서 지나친 희생 제사가 줄어들었고, 브라만교의 특권도 줄어들었지.

아소카 왕은 이웃 나라들한테도 싸우지 말고 평화롭게 지내자고 권했어. 그리고 '법에 의한 승리'를 이루기 위해 간다라, 카슈미르, 데칸 같은 곳으로 불교를 알리는 포교 사절을 보냈지. 멀리 서쪽으로는 시리아, 이집트, 그리스, 마케도니아까지, 동남쪽으로는 스리랑카, 버마로 보냈어. 특히 스리랑카에는 아들 마힌다를 보냈어. 그리고 동북쪽으로 전해진 불교는 중국과 우리나라, 일본까지 퍼졌단다.

이 무렵에 널리 퍼진 불교는 사람들이 각자 노력해 마음의 평화를 얻는 것을 중요하게 여겼는데, 이런 불교를 소승 불교라고 해. 그러다가 나중에는 혼자만 깨달음을 얻기보다 많은 사람에게 자비를 베푸는 것이 더 중요하다고 주장하는 불교가 나타났지. 이런 불교는 대승 불교라고 하지.

마우리아 제국의 영토

아소카 왕의 불교 전파는 불교가 세계 종교로 발전하는 계기가 되었단다.

한편, 아소카 왕은 인도 여러 곳에 돌기둥을 세우거나 큰 바위 앞면을 갈아 자신의 명령을 새기게 했어. 돌기둥과 바위에는 아소카 왕의 불교에 대한 관심과 업적, 나라를 다스리는 본뜻 그리고 앞으로 국가가 나아갈 방향 등을 새겼단다. 이렇게 함으로써 높은 관리나 지도층 사람들이 다르마 통치를 지키도록 명령을 내린 거야.

아소카 왕은 힘으로 국토를 넓혔을 뿐 아니라, 법으로 세계 정복을 꿈꾸었어. 그러나 기원전 231년 아소카 왕이 죽은 뒤, 기원후 78년 쿠샨 왕조가 들어서기까지 인도에는 여러 왕조가 일어났다 스러지는 혼란이 계속되었단다.

소승 불교

스스로 노력하여 깨달음에 이르는 것을 이상적으로 생각한다. 속세와 인연을 끊고 수행하는 사람과 그렇지 않은 사람을 엄격하게 구분하고, 속세에 있는 사람이 깨달음에 도달하는 것은 불가능하다고 여겼다. 실론 섬과 동남아시아로 퍼져 나갔다.

대승 불교

속세에서 지내는 것을 상관않고, 자비를 실천하라고 강조한다. 개인의 깨달음을 목적으로 한 이전의 불교를 비판하면서 중생 구제를 목적으로 삼았다. 중앙아시아를 거쳐 중국과 한반도, 일본으로 퍼져 나갔다.

간다라 미술이 발달하다

간다라 지방은 기원전 500년 무렵에 페르시아의 지배를 받았고, 뒤이어 알렉산드로스가 다스렸어. 이때부터 인도에서는 이곳을 '인도 그리스'라고 불렀지. 이후 여러 왕조의 지배를 받다가 쿠샨 왕국의 중심부로 자리를 잡게 되었어.

간다라의 왕 중에는 그리스계의 왕 메난더가 있어. 독실한 불교 신자였던 메난더 왕은 불교학자 나가세나를 초청해 불교에 관해 나눈 대화를 책으로 엮기도 했지.

불교를 후원하던 쿠샨 왕국의 카니슈카 왕은 인도의 유명한 승려들을 모아 불교의 진정한 가르침이 무엇인지 토론하게 했어. 카니슈카 왕은 승려들이 깨달음을 얻기 위해 엄격한 수련에만 매달리기보다 대중을 구제하는 데 힘써야 한다고 생각했어. 즉, 대승 불교를 지지한 거야. 간다라의 대승 불교 학자와 승려는 인도를 거쳐 중국까지 대승 불교를 전파했단다.

간다라는 무역로에 자리 잡은 번창한 상업 도시였어. 다양한 민족과 문화가 만나 어우러지는 곳이었기 때문에 새로운 사상이 등장해도 거부감 없이 받아들일 수 있는 환경이었지. 그래서 간다라의 예술가들은 그리스식 표현 기법으로 아름다운 보살과 부처의 형상을 만들었어.

간다라 불상. 옷차림이나 생김새가
그리스의 조각 작품을 닮았다.

간다라의 불상은 눈, 코, 입, 귀의 생김새와 얼굴 윤곽이 유럽 인을 닮은 데다가 머리카락도 곱슬곱슬해. 눈은 반쯤 내리뜨고 손은 편 채 명상에 잠긴 표정을 짓고 있지. 양쪽 어깨를 감싸고 있는 두꺼운 옷은 신체의 굴곡에 따라 깊고 크게 주름을 이루고 있어. 그리스식 표현 방식과 아주 닮았지. 우리나라 경주 석굴암의 부처님도 간다라 미술의 영향을 받아 머리카락이 곱슬곱슬하지. 간다라는 이후 약 500년 동안 불교 미술의 중심지였단다.

간다라에서 시작된 불상 문화는 불교를 믿는 모든 나라에 전해졌어. 한편 인도에서는 쿠샨 왕국의 마지막 수도였던 마투라에서 제작한 마투라 불상이 널리 퍼졌어. 이 불상은 눈을 크게 뜨고, 미소를 띤 채, 신체 곡선을 그대로 드러내는 얇은 옷을 걸친 통통한 모습을 하고 있지.

남인도의 안드라 왕국에서는 주로 브라만교를 믿었어. 하지만 불교도 널리 퍼져서 아마라바티 지역에는 불교에 관한 유물과 유적이 많단다. 이 유물들은 부처의 인물상이 아니라 아름다운 조각으로 가득한 불탑이야. 불탑에 부처가 태어난 때부터 깨달음을 얻고 돌아가실 때까지의 삶을 조각해 놓았지. 그런데 불탑을 가득 채운 조각 작품에 부처의 모습은 어디에도 없단다. 부처가 있어야 할 자리에는 부처를 상징하는 보리수나 법륜, 빈 의자, 발자국, 연꽃 들이 있어. 아마 부처를 신성하게 생각했기 때문에 인간의 모습으로 만들 수 없었는지도 몰라.

시대가 달라지면서 굽타 왕조 시대의 예술가들은 부처를 상징적으로 표현하지 않았어. 간다라 미술과 마투라 미술이 어우러진 부처의 전신상을 만들기 시작했지.

이슬람교가 북인도에 들어온 후, 인도의 토착 신앙과 브라만교가 어우러져 힌두교가 생겨났어. 힌두교는 오늘날까지 인도 사람 대부분이 믿는 종교야. 힌두교의 주신은 비슈누 신인데, 비슈누 신은 세상이 혼란스러워지면 그때마다 다른 모습으로 나타나 세상을 구원한다고 해. 힌두교에서는 부처를 비슈누 신의 10개 화신 중 하나로 받아들였어. 이렇게 되자 불교는 인도 사람들 마음에서 천천히 사라지게 되었단다.

비슈누 신은 세상을 지키고 유지하는 신이다. 비슈누 신은 10가지 화신이 있는데, 때에 따라 다른 모습으로 나타난다고 한다.

역사 타임캡슐

마애 법칙

• 모든 신에게 사랑받는 아소카 왕은 즉위 8년에 칼링가를 정복했다. 15만 명이 포로가 되어 쫓겨났고, 수십만 명이 목숨을 잃었다. 칼링가를 정복한 지금, 아소카 왕은 슬퍼하여 다르마를 열심히 실천하고, 사랑하고, 가르치는 데 열성적인 사람이 되었다. 칼링가 정복에 대한 후회 때문이다. 나라를 빼앗기면 그곳 사람들은 죽임을 당하거나 쫓겨났는데, 아소카 왕은 이것을 몹시 괴로워하고 비통해했다. (…)

• 이 법칙은 다음 목적을 위해 새겼다. 나의 모든 왕자와 후손들이 새로운 정복을 욕심내지 않게 하기 위해서, 혹시 정복을 하더라도 정복한 곳의 백성에게 너그럽게 대하도록 하기 위해서, 또 다르마에 의한 정복만이 참다운 정복이라고 여기도록 하기 위해서이다. (…)

위 글은 아소카 왕의 마애 법칙 중 13장이다. 13장은 아소카 왕이 힘의 정치에서 다르마의 정치로 바꾸는 계기가 된 칼링가 전투 이야기를 하고 있다. 아소카 왕은 전쟁의 끔찍한 모습을 보고 크게 후회했으며, 앞으로는 힘으로 정복하지 않고 다르마(법)로 나라를 다스리겠다고 다짐했다. 왕은 자신의 모든 영토에서 다르마가 잘 지켜져 이 세상에서는 기쁨을 누리고, 다음 세상에는 안락을 가져올 수 있기를 바랐다. 이런 생각을 후손에게도 길이 알리고자 바위에 새겨 놓았다.

로마의 정치와 경제의 중심지였던 곳, 로마 포럼.

기원전 150년 무렵 지중해 세계의 최강자가 된 로마는 그 뒤로 오랫동안 지배자로 군림했어. 드넓은 영토에 수많은 종족이 어울려 살며 평화의 시대를 누렸지. 로마가 제국으로서 번영하고 있을 때 북쪽에는 게르만 족이 살고 있었어. 게르만 족은 나중에 로마 제국의 땅을 차지하고 유럽 문명의 새로운 주인공이 된단다.

로마 제국과 게르만 세계

공화정에서 황제정으로 바뀌다

로마가 이탈리아를 통일하자 카르타고가 로마를 견제하기 시작했어. 카르타고는 페니키아 인이 북아프리카에 세운 나라로, 지중해 무역을 이끌고 있었어. 그런데 로마가 지중해로 힘을 뻗치자 카르타고가 로마를 막으려고 했지. 이 때문에 기원전 264년에 로마와 카르타고 사이에 전쟁이 벌어져. 이 전쟁을 포에니 전쟁이라고 해.

전쟁은 120년이나 이어졌어. 카르타고에서는 한니발이라는 장군이 병사 4만 명과 코끼리 부대를 이끌고 알프스 산맥을 넘어와 10년 동안이나 이탈리아 전체를 휘젓고 다녔지. 로마 시민은 나라를 위해 재산을 내놓았고, 목숨을 걸고 끝까지 싸웠어.

포에니 전쟁 연표
1차 기원전 264~기원전 241
2차 기원전 218~기원전 201
3차 기원전 149~기원전 146

이탈리아 남부의 동맹국들도 의리를 지켰어. 로마는 이탈리아 남부를 정복한 뒤 동맹국으로 삼고, 동맹국 시민한테도 로마 시민권을 주었거든. 로마의 관용과 통합 정책이 위기의 순간에 빛을 발한 거야.

마침내 로마는 카르타고를 물리치고 지중해의 주인이 되었단다. 그 뒤에도 로마는 그리스와 페르시아를 잇달아 정복해 유럽, 아시아, 아프리카 세 대륙에 걸친 대제국

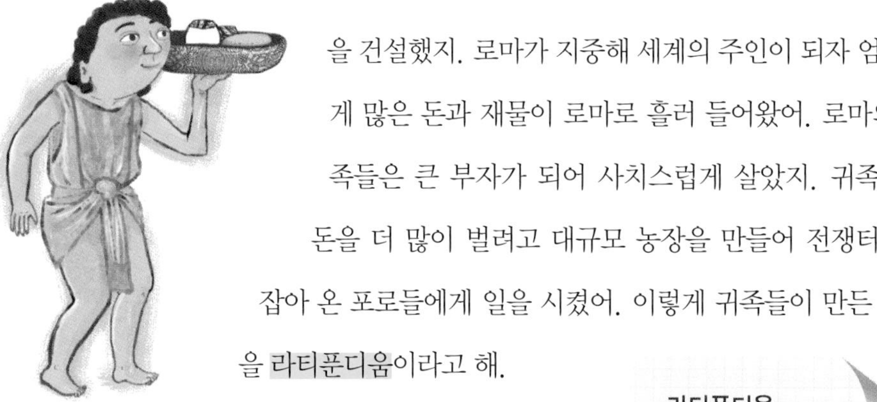

을 건설했지. 로마가 지중해 세계의 주인이 되자 엄청나게 많은 돈과 재물이 로마로 흘러 들어왔어. 로마의 귀족들은 큰 부자가 되어 사치스럽게 살았지. 귀족들은 돈을 더 많이 벌려고 대규모 농장을 만들어 전쟁터에서 잡아 온 포로들에게 일을 시켰어. 이렇게 귀족들이 만든 농장을 라티푼디움이라고 해.

라티푼디움에는 농사짓고 가축을 기르는 노예뿐 아니라 집안일을 돕는 노예도 있었다.

그런데 평민은 갈수록 가난해졌어. 전쟁이 끝나 집에 돌아오니 기다리는 것이라곤 황무지가 된 땅과 배를 곯는 가족뿐이었지. 귀족들은 정복 전쟁의 열매를 독차지하고 평민에게 나누어 주지 않았어. 살기 어려워진 평민의 불만은 날로 커졌지.

라티푼디움

'큰 농장'이라는 뜻이다. 로마의 귀족들은 점령지의 땅이나 평민의 땅을 빼앗아 큰 농장을 경영했다. 귀족들은 라티푼디움에서 돈을 벌기 위한 농사를 했기 때문에 주로 과일을 재배하거나 가축을 길렀다.

그래서 기원전 133년에 티베리우스 그라쿠스가 개혁에 나섰단다. 티베리우스는 토지 개혁법을 만들어 귀족들의 땅을 평민에게 나누어 주었어. 그러자 땅을 빼앗긴 귀족들은 티베리우스를 죽이고 개혁파를 쫓아내 버렸어.

10년 뒤에 티베리우스의 동생 가이우스가 다시 개혁을 시도했어. 가이우스는 다시 토지 개혁법을 시행하고, 평민에게 곡물을 싸게 공급하는 법을 만들었어. 그리고 귀족들을 견제하기 위해 부패 방지법도 만들었지. 하지만 이번에도 귀족들은 가이우스와 그를 따르는 사람 3,000명을 죽였단다.

그라쿠스 형제의 개혁이 실패하자 정치는 더욱 혼란스러워졌어. 그러자 군대를 거느리고 있던 장군들이 적극적으로 정치에 나서게 돼. 마리우스, 술라, 폼페이우스, 율리우스 카이사르가 차례로 권력을 잡고 정치를 이끌었지.

그중 카이사르는 여러 전쟁에서 큰 공을 세워 권력을 잡은 뒤 평민을 위한 정책을 펼쳤어. 그런데 카이사르는 인기가 하늘로 치솟자, 더 많은 권력을 가지려고 했어. 결국, 귀족들은 공화정을 지켜야 한다며 카이사르를 암살했지. 그 뒤 카이사르 지지파와 반대파 사이에 피비린내 나는 내전이 이어졌어.

카이사르의 뒤를 이은 옥타비아누스는 반대파인 귀족군을 진압하고, 악티움 해전에서 안토니우스와 클레오파트라의 연합군을 물리쳤어. 이를 계기로 로마는 오랜 내전을 끝내고 평화의 시대를 맞이하게 돼. 로마 사람들은 옥타비아누스에게 '존엄한 자'라는 뜻의 아우구스투스라는 칭호를 주고 그에게 막강한 권력을 주었지.

아우구스투스는 스스로 황제가 아니라 제1시민이라고 했지만, 사실상 그는 로마의 첫 번째 황제나 다름없었어. 이렇게 해서 로마의 황제정 시대가 열린단다.

로마가 지중해 세계를 하나로 통합하다

평화 시대에 로마 제국의 영토는 엄청나게 넓었단다. 동쪽으로는 아라비아 사막, 서쪽으로는 영국, 북쪽으로는 라인 강과 다뉴브 강 이남, 남쪽으로는 북아프

아우구스투스는 귀족군을 진압하고 악타움 해전에서
승리해 로마에 평화의 시대를 가져왔다.

리카까지 포함했지.

이 넓은 땅에 수많은 종족이 살았어. 종족들은 저마다 독특한 문명을 발달시켰고 언어, 정부 형태, 종교, 사고방식이 다 달랐지. 또 종족들은 쉬지 않고 서로 싸웠어.

수많은 종족
큰 종족만 해도 10개가 넘었다. 아랍 인, 페니키아 인, 유대인, 시리아 인, 그리스 인, 마케도니아 인, 갈리아 인, 게르만 인, 이집트 인, 라틴 인. 그리고 이들 큰 종족 안에는 많은 작은 종족이 있었다. 가령 갈리아 인은 남서 유럽 전 지역과 영국에 살았는데, 그 안에는 세노네스 족, 보이 족, 에부로네스 족, 카르누테스 족, 헬베티 족 등이 있었다.

그러다 로마가 세계를 정복한 뒤 완전히 새로운 시대가 열렸단다. 아우구스투스 이후 로마의 지도자들은 정복한 사람과 정복당한 사람 사이에 차별을 없애 나가는 정책을 펼쳤어. 먼저 시민권을 확대했지. 로마 시대에 로마 시민권은 특권의 상징이었어. 로마 시민은 세금 혜택을 누렸고, 국가로부터 빵과 포도주를 배급 받았으며, 고문을 받지도 않았고, 황제에게 직접 상소할 수도 있었어.

로마 정부는 정복당한 사람들도 시민권을 얻을 수 있게 기회를 늘렸단다. 의사나 학자처럼 능력과 자질이 뛰어난 사람들에게, 관리로 일하거나 큰 기부를 하거나 군인으로 일한 사람들에게도 시민권을 주었어. 이렇게 시민권을 얻은 사람은 원로원 의원도 될 수 있었고, 황제가 될 수도 있었단다. 로마의 시민권 확대 정책은 212년에 절정에 도달해. 카라칼라 황제가 제국의 모든 자유민에게 시민권을 주었거든. 이 일은 세계 역사에서 유래를 찾아볼 수 없는 사건이야.

로마의 통합 정책은 세금 제도에서도 나타났어. 로마 시민은 세금을 내지 않았어. 대신 정복지를 로마의 속주로 만들고, 그곳 주민에게 세금을 거두어 나라를 운영했지. 그런데 제국이 커지면서 돈이 더 많이 필요해졌어. 아우구스투스는 속주민한테 세금을 더 거두자는 의견에 반대하고 로마 시민에게도 세금을 거두기로 결정했어.

철학자로 유명한 아우렐리아누스 황제는 게르만 족의 침입을 막는 데 많은 돈이 필

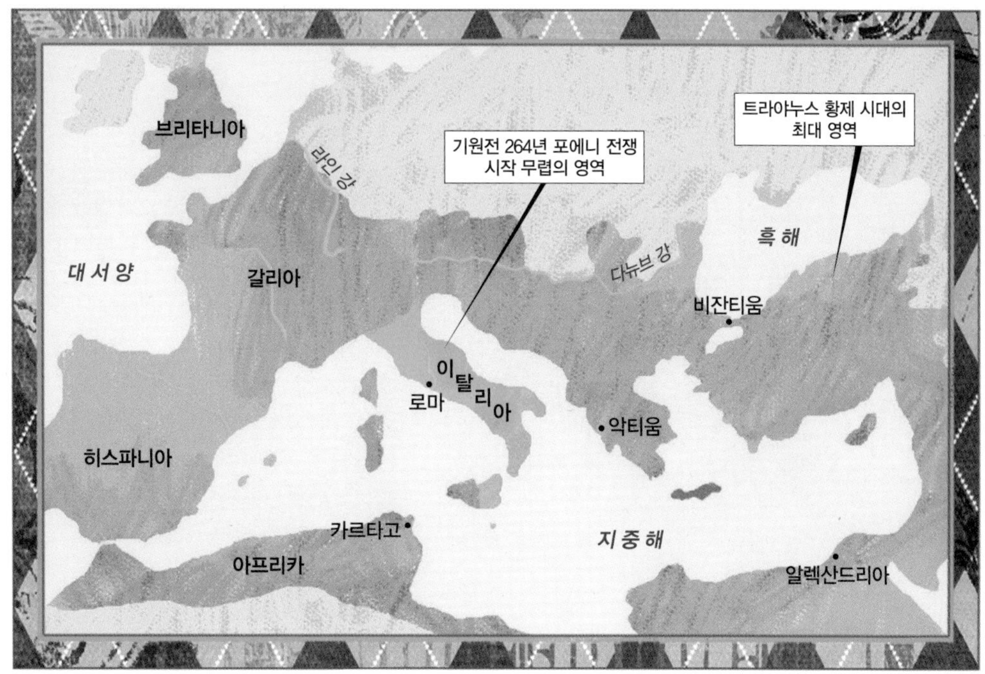

로마 제국의 영토 확장

요하자 황실의 재산을 팔았지. 또 3세기 말에 디오클레티아누스 황제는 로마와 속주라는 기존의 틀을 깨뜨리고, 제국 전체를 하나의 체제로 만들었어.

이렇게 로마 제국의 모든 사람은 하나의 정부에서 똑같은 법의 지배를 받으며 평등한 시민으로서 자유롭게 소통하게 되었어. 종족과 지역의 차별 없이 모든 사람이 로마 제국의 시민이라는 자부심을 품게 되었지. 세계 역사에 등장했던 제국 중에서 로마만큼 여러 종족과 지역을 하나로 아우르는 데 성공한 나라는 없었단다.

크리스트교를 국교로 삼다

아우구스투스가 로마를 다스리던 기원전 4년, 고대 이스라엘에 예수라는 아이가 태어났어. 유대인은 유일신인 하느님이 유대인을 특별히 사랑해서 유대인에게 율법을 주었다고 믿었지. 그래서 유대인은 율법을 생명처럼 소중히 지켰어.

당시 유대인은 로마의 지배를 받고 있었어. 자존심이 강했던 유대인은 하느님이 특별히 유대 민족을 선택했고, 곧 메시아를 보내 로마 인을 쫓아내고 유다 왕국을 독립시켜 줄 거라고 믿었어. 그때 예수가 사람들을 가르치고, 많은 기적을 일으키는 것을 보고 유대인들은 예수가 메시아라고 생각했지.

그런데 예수는 로마한테서 독립하는 것은 중요하지 않고 영혼을 구원받는 것이 중요하다고 가르쳤어. 최후의 심판 날에는 유대인이라고 특별히 혜택을 받지도 않고, 율법을 잘 지켰는지도 중요하지 않으며, 오로지 하느님과 이웃을 얼마나 사랑하면서 착하게 살았는지가 중요하다고 가르쳤지.

율법
유대인은 613가지에 이르는 율법을 모두 외웠고, 율법을 어기는 자를 엄하게 처벌했다. 유대인이 지킨 율법 중 안식일은 오늘날 일요일의 유래가 되었다.

메시아
'기름 부음을 받은 자'라는 뜻이다. 유대인의 언어인 히브리 어로는 '메시아'이고, 그리스 어로 번역하면 크리스트(Christ)이다. 크리스트교는 예수가 메시아임을 믿는 종교이다. 현재 크리스트교에는 로마 가톨릭, 그리스 정교, 신교의 세 종파가 있다.

유대 종교 지도자들은 예수가 유대인만 선택 받았다고 생각하지도 않고, 율법의 중요성도 부정하는 것을 보고 화가 났어. 그래서 로마 총독에게 고발했지. 총독은 백성을 선동했다는 죄를 씌워서 예수를 십자가형에 처했단다.

예수가 죽은 뒤 베드로와 바울 등의 제자는 로마 전 지역으로 선교 활동을 떠났어. 그래서 크리스트교가 생겨났지.

2세기부터 크리스트교의 선교 활동은 큰 성공을 거두었어. 당시에는 모든 사람이 평등하지 않았는데 크리스트교는 종족, 계급, 성에 관계없이 모든 사람이 평등하다고 가르쳤거든. 또 착하게 살면 죽어서 천국에 간다고 가르쳤지. 많은 로마 사람들이 크리스트교 신자가 되었어.

하지만 크리스트교가 퍼지면서 로마 세계에 여러 문제가 생겼어. 로마 인들은 신전에 신의 조각상을 세워 놓고 제사를 드렸거든. 황제도 신 같은 존재라고 생각해 조각상을 만들고 절을 했어. 하지만 크리스트교 지도자들은 하느님만이 유일한 신이라며 여러 신에게 제사지내는 것을 금지하고 황제 숭배도 우상 숭배라며 못하게 했어.

예수가 많은 기적을 일으키자 사람들은 그를 메시아로 여겼다. 예수를 따르는 사람도 점점 많아졌다.

그러자 로마 정부는 크리스트교가 황제와 로마 제국에 대한 도전이라고 여기고 크리스트교 신자들을 괴롭혔어. 그런데도 신자는 도리어 더 늘어났지. 결국, 313년에 콘스탄티누스 황제가 밀라노에서 칙령을 발표해 크리스트교를 인정했어. 그리고 392년에 테오도시우스 황제는 크리스트교를 로마의 국교로 삼았지. 그 후 로마 정부는 크리스트교를 제외한 모든 종교를 믿지 못하도록 했고, 로마 제국의 모든 사람은 크리스트교 신자가 되었단다. 로마의 식민지인 유다 왕국에서 생겨난 작은 종교가 혹독한 어려움을 견디고 마침내 로마 제국의 종교가 된 거야.

게르만 족이 성장하다

로마가 세계의 주인으로 번영을 누리고 있을 때 북유럽 쪽에서는 게르만 족이 성장하고 있었어. 덩치가 크며 금발에 파란 눈을 가진 게르만 족은 원래 스칸디나비아 반도와 발트 해 부근 지역에서 살았어.

게르만 족은 주로 가축을 기르거나 사냥을 했어. 그들의 신화와 종교, 문화에는 유목 생활을 하던 때의 전통이 많이 남아 있단다. 게르만 족은 여러 신을 믿었는데, 그중 가장 높은 신은 천둥과 바람, 전쟁을 주관하는 오딘이야. 또 게르만 족은 숲과 나무를 신성하게 여겼어.

시간이 흐르면서 게르만 족은 정착해서 농사를 짓게 되었고 인구도 늘어났지. 그러자 많은 게르만 족이 남쪽으로 내려갔어. 남쪽은 기후가 따뜻해서 농사짓기 좋았거든. 기원전 3세기부터 오늘날의 독일과 프랑스 북부 지역에 보금자리를 마련했어.

이 무렵에 게르만 족은 많은 부족으로 나뉘어 대립하면서 흩어져 살고 있었어. 각 부족의 우두머리는 족장이었단다. 족장은 무기, 식량, 의복 등을 제공하는 대가로 젊은 남자들을 부하로 삼았어. 부하들은 전쟁이 나면 족장을 위해 목숨을 걸고 싸웠지.

게르만 족

게르만 족 안에는 50여 개의 크고 작은 부족이 있었다. 대표적인 부족으로는 앵글 족, 색슨 족, 프랑크 족, 고트 족, 반달 족, 롬바르드 족이 있다. 8세기에서 12세기까지 유럽을 약탈하고 다닌 노르만 족도 게르만 족에 속한다.

게르만 족의 신들

게르만의 최고 신 오딘은 그의 형제들과 힘을 합해서 나무로 인간을 만들었다. 오딘 말고도 티르 신과 토르 신이 있는데, 이 세 신의 이름은 지금도 남아 있다. 티르(Tyr)는 화요일(Tuesday), 오딘(Woden)은 수요일(Wednesday), 토르(Thor)는 목요일(Thursday)에서 찾을 수 있다.

한편, 생산 활동은 주로 여자들의 몫이었어. 가축을 돌보고, 농사를 짓고, 집안일을 도맡았지. 그렇지만 남자가 여자를 함부로 대하지는 않았어. 결혼할 때 필요한 물품도 대부분 남자가 준비했고, 남편이 아내의 충고를 무시하는 일도 없었단다.

남쪽으로 내려와서 농사와 유목을 겸하며 살아가던 게르만 족이 로마와 본격적으로 부딪친 것은 기원전 1세기 무렵이야. 로마의 카이사르 장군이 갈리아 족을 무찌르며 지금의 프랑스 지역을 로마 땅으로 만들었거든. 게르만 족도 땅을 지키기 위해서 로마군과 싸웠지만, 로마군을 이길 수는 없었어. 그래서 2세기 중엽에 북쪽으로 쫓겨

났다가 3세기 이후에는 로마의 방어막이 허술해지면 넘어와서 재물을 빼앗곤 했지.

하지만 게르만 족은 로마 문명을 열심히 배웠어. 로마는 국경 지역에 높고 거대한 성벽 대신 낮은 통나무 울타리를 둘렀는데, 게르만 족은 쉽게 이 울타리를 넘어 다니면서 로마 인과 만났단다.

로마군은 군대를 유지하는 데 필요한 물건들을 게르만 족에게 샀어. 1세기 이후 수백 년 동안 로마 인과 게르만 족은 로마의 국경선에서 만나 교류했단다. 이렇게 로마와 교류하면서 게르만 족은 로마의 문명을 배웠지. 많은 게르만 족이 로마군에 물건을 팔거나 수입하면서 로마의 농업, 건축, 정치, 법률을 배웠어. 로마군에 들어가 봉급을 받으며 용병으로 활동한 사람도 많았고.

이렇게 로마 문명을 배우며 사이좋게 지낸 게르만 족이 왜 4세기 후반에 로마 제국의 영토로 내려왔을까? 그건 흉노의 후손인 훈 족이 아시아에서 동유럽 쪽으로 몰려와 고트 족을 공격했기 때문이야.

고트 족을 비롯한 여러 게르만 족은 훈 족을 피해 로마로 몰려갔어. 그리고 로마군과 싸워 이긴 뒤, 로마에 정착해 살 수 있는 땅을 얻어 냈단다. 게르만 족은 부족별로

로마 국경 근처에 자리 잡고 살면서 농사를 짓거나 로마의 용병 생활을 했어. 그러면서 게르만 족 중에 로마의 장군이나 관리가 된 사람이 늘어났지.

그러다가 중 395년에 로마 제국이 둘로 나뉘었어. 넓은 땅을 혼자 다스리기에 어려움을 느낀 테오도시우스 황제가 두 아들에게 각각 로마의 동쪽과 서쪽을 나누어 다스리게 했거든. 둘로 나뉜 제국 중 동로마는 이후로도 번영을 이루어 갔지만, 서로마는 그러지 못했어. 외적의 침략과 정치적 혼란이 계속 이어졌거든.

특히 5세기 초, 훈 족의 아틸라가 엄청난 병력을 이끌고 서로마를 침략했어. 이때 서로마 제국에 정착해 살던 여러 게르만 족은 서로마군을 도와 아틸라의 군대를 물리치는 데 큰 공을 세웠지. 기세가 등등해진 게르만 족은 서로마 제국을 휘젓고 다니며 약탈을 일삼았어. 그러다가 마침내 476년에 게르만 족 출신 용병 대장 오도아케르가 서로마 제국의 마지막 황제를 몰아내고 자신이 황제의 자리에 올랐단다.

이렇게 게르만 족은 서로마 제국을 대신해 서유럽의 새로운 주인공으로 등장하게 되었어. 그렇지만 한동안은 동로마 제국의 영향을 받아야 했단다.

역사 타임캡슐

클라우디우스 연설

우리 조상은 출신을 가리지 않고 능력 있는 사람을 받아들였습니다. (…) 처음에는 에트루리아와 루카니아 출신이, 나중에는 모든 이탈리아 출신이 원로원 의원이 되었습니다. 이탈리아의 영역도 알프스 산맥까지 확대되었습니다. 그리하여 이탈리아의 모든 사람과 부족이 로마 시민권을 갖게 되었습니다. 포 강 너머에 살던 이탈리아 사람에게 시민권을 주자, 그들은 군대에 지원하여 모자란 병력을 채워 주었습니다. 발부스 가문은 히스파니아에서 왔고, 그들 못지않게 뛰어난 사람들이 나르본느 지역에서 왔습니다. (…)
뛰어난 전투력을 가진 아테네와 스파르타가 왜 멸망했습니까? 그들이 정복민을 차별하고 밀어냈기 때문입니다! 로마를 세운 로물루스는 전쟁에서 승리하면 그날로 정복지의 주민을 시민으로 받아들였습니다. 그래서 외국 출신 왕도 있습니다. (…) 정복당한 사람들로 하여금 그들의 금과 자산을 로마로 가져오게 하십시오.

기원후 48년, 로마 원로원에서 거센 논쟁이 벌어졌다. 카이사르가 정복한 갈리아 인들이 원로원 의원이 되는 것을 허락할 것인가를 놓고 의견이 갈라진 것이다. 반대파는 로마 제국을 건설하느라 피땀 흘린 것은 자기 조상인데 그 결실을 남과 나누는 것은 옳지 않다고 했다. 클라우디우스 황제는 찬성파를 대표하는 사람이었다. 클라우디우스의 연설은 출신을 가리지 않고 능력 있는 사람을 쓰는 것이 로마의 전통이자 성공의 비결임을 잘 알려 준다.

세계사사전

제국의 위대한 황제들

아시리아 제국의 아슈르바니팔
(재위 기원전 668~기원전 627)

아시리아 제국의 왕. 최강의 군대로 영토를 확장했으며, 문학과 예술을 적극적으로 후원해 문화적으로 최고 전성기를 누렸다. 수도 니네베에 커다란 도서관을 지어 장서(점토판)를 체계적으로 수집하고 분류했다. 이곳에서 발굴된 서적으로는 『아라비안나이트』의 원형으로 보이는 이야기들과 『길가메시 서사시』의 일부도 있다.

페르시아 제국의 틀을 만든 키루스 2세
(기원전 585?~기원전 529)

아케메네스 왕조의 시조로, 페르시아 제국을 세웠다. 다민족 국가인 페르시아의 융화를 위해 각 지방의 종교와 풍습을 존중하며 관용과 포용 정책을 폈으며, 피정복민에게도 기꺼이 배우는 자세를 가졌다. 노예 제도를 금지하고 바빌론에 잡혀 있던 유대인을 해방해 본토로 돌아가도록 하는 등, 키루스 왕의 통치 방식은 알렉산드로스와 칭기즈칸한테도 영향을 끼쳤다.

동서 문화 융합을 꿈꾼 알렉산드로스
(기원전 356~기원전 323)

기원전 3세기 그리스 북쪽 마케도니아의 왕으로, 폴리스들의 반란을 진압하고 페르시아를 무너뜨린 지 10년 만에 유럽, 아시아, 아프리카 세 대륙에 이르는 제국을 건설했다. 정복한 땅에 알렉산드리아라는 도시를 세우고 그리스 인을 옮겨 살게 해, 동방 문화와 그리스 문화가 어울린 헬레니즘 문화를 꽃피게 했다.

로마의 강력한 권력자 카이사르
(기원전 100~기원전 44)

로마 공화정 말기의 군인 출신 정치가로, 크라수스, 폼페이우스와 함께 삼두 정치를 이끌었다. 많은 전쟁에서 이겨 로마 제국의 영토를 넓히고, 내전에서 승리해 독재 권력을 수립했다. 율리우스력을 만들고 각종 사회 개혁을 추진했으나 브루투스 일파에게 살해당했다.

로마 제국의 통합을 이룬 옥타비아누스
(기원전 63~기원후 14)

로마 제국의 첫 번째 황제. 카이사르가 암살된 후 후계자로 지정되어 권력을 넘겨받아 2차 삼두 정치를 이끌었다. 100년에 걸친 공화정 말기의 혼란을 끝내고 자신의 권한을 원로원에 넘겨주었고, 원로원은 그에게 '아우구스투스(존엄한 자)'라는 칭호를 주었다. 그가 다스리는 41년 동안 로마는 평화가 계속되었고 문화가 발달했다.

제국의 기틀을 만든 진시황
(기원전 259~기원전 210)

중국 최초로 통일 제국을 세운 진나라의 황제로, 강력한 부국강병책을 추진해 주변 나라를 차례로 무너뜨리고 기원전 221년에 통일을 이루었다. 화폐, 문자, 도량형 등을 통일해 통일 국가의 기초를 다지고, 북쪽의 흉노 족을 막기 위해 만리장성을 쌓았다. 그러나 가혹한 통치와 아방궁 짓기, 도로 공사로 백성을 고통스럽게 했고, 진나라는 15년 만에 무너지고 말았다.

비단길을 개척한 한 무제
(기원전 156~기원전 87)

중국 한나라의 황제로 고조 유방의 증손이다. 제후 세력을 누르고 강력한 중앙 집권적 군현제를 실시했으며, 유교를 나라의 통치 이념으로 삼았다. 장건을 대월지로 파견해 흉노를 공격하려는 과정에서 서역의 상황을 알게 되어, 흉노를 몰아내고 서역과 교역하며 비단길을 개척했다.

역사용어풀이

연호(年號 : 해 연, 부를 호) 해의 차례를 나타내기 위해 붙이는 이름으로, 옛날에는 왕이 바뀔 때마다 다른 연호를 사용해 왕의 통치 기간을 나타냈다. 예를 들어 한의 무제는 '건원'이라는 연호를 사용했는데, 무제가 즉위한 해는 '건원 1년'이고, '건원 10년'은 무제가 즉위한 지 10년이 되는 해를 말한다. (155쪽)

책봉(冊封 : 칙서 책, 제후를 봉할 봉) 임금이 신하에게 벼슬과 지위를 내려 주던 일. (156쪽)

간섭(干涉 : 참견할 간, 물을 건널 섭) 직접 관계없는 남의 일에 끼어들어 참견함. (156쪽)

견제(牽制 : 이끌 견, 누를 제) 상대편이 지나치게 세력을 펴거나 자유롭게 행동하지 못하게 억누름. (158쪽)

이념(理念 : 이치 이, 생각 념) 이상적인 것으로 여기는 생각. (158쪽)

멸망(滅亡 : 다할 멸, 없어질 망) 망하여 없어짐. (158쪽)

외척(外戚 : 바깥 외, 겨레 척) 어머니 쪽 친족. (159쪽)

환관(宦官 : 벼슬살이 환, 관직 관) 궁중에서 벼슬을 하던 남자. '내시'라고도 한다. (160쪽)

명상(冥想 : 그윽할 명, 생각할 상) 고요히 눈을 감고 깊이 생각함. (171쪽)

화신(化身 : 될 화, 몸 신) 구체적인 형체가 없는 것이 특정한 모양을 띠게 된 것. 또는 신이 여러 가지 모습으로 변신해서 나타나는 것. '아바타'라고도 한다. (172쪽)

국경(國境 : 나라 국, 경계 경) 나라와 나라의 영역을 가르는 경계. (183쪽)

5 문명권의 형성

589년
수, 중국을 통일하다.

618년
이연, 수를 멸망시키고 당을 세우다.

622년
무함마드가 메카에서 메디나로 옮기다.

661년
이슬람 제국에 우마이야 왕조가 서다.

800년
카롤루스 대제, 교황으로부터 서로
황제의 관을 받다.

동아시아 문명권의 형성

불교 문화가 발달하다
율령 제도가 자리 잡다
과거 제도로 인재를 양성하다
교역이 활발하게 일어나다
[역사 타임캡슐] 정관정요

인도 문화의 확산과 동남아시아

여러 왕국이 나타나다
힌두교가 발달하다
동남아시아에 인도 문화가 전해지다
[역사 타임캡슐] 마누 법전

이슬람 세계의 등장과 번영

무함마드가 이슬람교를 만들다
세 대륙에 걸쳐 이슬람 제국을 건설하다
과학과 문화가 발달하다
[역사 타임캡슐] 쿠란

유럽 크리스트교 세계의 발전

동로마 제국이 로마 제국의 영광을 이어 가다
서로마 제국이 부활하다
크리스트교가 중세 유럽을 장악하다
[역사 타임캡슐] 우르바누스 2세의 연설
[모둠 전시관] 유럽의 봉건 제도

아프리카와 아메리카에 꽃핀 문명

서아프리카 가나 왕국이 황금 교역으로 번영을 누리다
동아프리카에 스와힐리 문화가 발달하다
아메리카 대륙에 여러 제국이 나타나다
[역사 타임캡슐] 황금 왕국 가나의 기록

[세계사 사전] 문명권을 완성한 사람들

907년 당 멸망, 5대 10국 시대가 시작되다.

960년 조광윤, 송을 세우고 중국을 통일하다.

962년 신성 로마 제국이 탄생하다.

1077년 카노사의 굴욕.

1096년 십자군 원정이 시작되다.

수 문제가 대운하를 이용해 별궁으로 행차하는 모습을 그린 그림.

한나라는 400년 동안 통치하면서 안으로는 중국 문화의 기틀을 다지고, 밖으로는 동아시아 문화권을 형성했어. 이후 위진남북조의 분열 시대를 극복하고 다시 중국을 통일한 수와 당은 법률과 기반 제도들을 만들어 중국 문화를 확립했지. 그리고 당과 송은 비단길과 바닷길을 이용한 교역을 통해 개방적인 세계 제국의 모습을 갖추어 갔단다.

동아시아 문명권의 형성

불교 문화가 발달하다

위, 촉, 오 세 나라의 치열한 다툼 끝에 263년에 위가 촉을 무너뜨렸어. 이로써 위가 통일에 한 발 다가선 듯했지. 하지만 사마염이 정권을 빼앗아 265년에 진晋을 세웠고, 진은 280년에 오나라까지 무너뜨리고 중국을 통일했지만 오래가지 못했어.

북쪽에서는 남흉노의 유연이 중국으로 들어와 316년에 진晋을 무너뜨렸어. 그 후 130년 동안 5호 16국 시대가 이어지지. 흉노, 갈, 저, 강, 선비 등 다섯 오랑캐가 16개의 나라를 세웠다고 해서 5호 16국 시대라고 해. 5호 16국 시대는 선비족이 세운 북위가 439년 중국 북부 지역을 통일함으로써 끝났지.

한편, 남흉노에게 무너진 진晋의 황족은 남쪽으로 내려가 317년에 동진을 세웠어. 그러나 420년, 동진의 군사령관인 유유가 다시 송나라를 세웠지.

북쪽에 북위가 들어서고 남쪽에 송나라가 세워진 시기부터 589년 수가 통일할 때까지를 남북조 시대라고 해. 또는 분열이 시작된 삼국 시대, 즉 위나라가 세워진 때부터 헤아려 위진남북조 시대라고도 하지.

이 시기에 불교가 중국에 자리 잡았어. 불교가 중국에 전해진 건 한나라 때지만, 중국 북부 지역을 지배하면서 통치 이념이 필요했던 북방 민족은 불교를 이용해 나라를

북위 시대에 만들어진 윈강 석굴은 중국에서 가장 큰 석굴 사원이다. 부드러운 사암으로 이루어진 낮은 낭떠러지에 40여 개의 석굴이 이어져 있고, 석굴마다 불상이 새겨져 있다.

다스리려 했어.

전쟁이 지속되는 상황에서 북방 민족의 지배자들은 신통한 능력을 가졌거나 영향력이 큰 승려들을 적극적으로 불러들였어. 5호 16국 시대 전진의 부견왕은 승려 구마라습을 데려오려고 이웃 나라와 전쟁을 치를 정도였지. 구마라습은 384권의 불경을 번역해 불교 사상과 교리를 중국에 소개하는 데 크게 이바지한 인물이야.

또 거대한 불상도 만들었는데, 윈강 석굴의 엄청나게 큰 불상 5개는 황제의 모습을 나타낸 거라고 해. 양나라 무제도 불교를 널리 권한 황제로 유명하단다.

이렇게 남북조 시대에는 황제가 적극적으로 불교를 믿었기 때문에 불교는 국가와 황제를 위한 종교가 되었어. 이후 중국을 통일한 수와 당에서도 마찬가지였고. 다만 당나라에서는 도교와 불교 중 어느 쪽이 더 뛰어난지 가리는 논쟁이 일어났고, 당 황실은 도교를 지지했지. 하지만 여전히 불교 사원이 도교 사원보다 많을 정도로 불교가 번성했단다.

중국 불교의 전성기를 가져온 인물은 당나라의 현장법사야. 손오공, 저팔계, 사오정이 주인공으로 등장하는 『서유기』 알지? 거기 나오는 삼장법사가 바로 현장법사란다. 현장법사는 인도를 오가며 겪은 일을 『대당서역기』라는 책으로 썼는데, 『서유기』는 이를 바탕으로 쓴 소설이야. 중국 불교를 현장 이전과 이후로 나눌 정도로 현장법사는 중요한 업적을 남겼단다.

중국 역사상 유일한 여자 황제인 측천무후도 불교를 북돋아 주었어. 측천무후는 아들인 중종과 예종을 몰아내고, 690년에 황제가 되어 나라 이름을 '주'로 바꾸었어. 그리고 여자 황제의 등장은 부처의 뜻이라고 주장했지.

불교가 번성했다는 것은 많은 돈과 사람이 절로 들어갔다는 얘기야. 그런데 절이나 승려는 세금을 내지 않으니 국가로서는 불교가 번성하는 게 좋지만은 않았어. 세금을 내지 않는 사람은 나라 살림에 보탬이 되지 않았으니까. 결국, 845년 당나라 무종은 불교를 금지했어. 이 때문에 4,600개의 절이 폐쇄되고 26만 명의 승려가 쫓겨났어.

이처럼 중국에서는 황제의 명령에 따라 불교가 일어나기도 하고 기울기도 했어. 중국 불교는 한반도와 일본으로 전해져 인도나 동남아시아와는 다른 동아시아의 불교 문화를 만들었단다.

당나라의 승려이자 경전 번역가인 현장법사는 세 가지 불교 경전에 뛰어나 '삼장법사'라는 별칭이 붙었다.

율령 제도가 자리 잡다

581년 양견은 북주의 황제 자리를 빼앗아 수나라를 세우고, 589년 남조의 진陳나라를 무너뜨려 370년 동안 지속된 분열 시대를 끝냈어.

양견, 즉 수 문제는 백성을 지배하고 나라를 다스리는 데 필요한 법률 제도인 율령 제도를 세우고, 시험을 통해 능력 있는 인재를 뽑는 과거 제도를 시행했어. 이 제도들은 이후 당나라에도 이어져 중국 사회에 정착했지.

수가 남긴 가장 큰 유산은 '대운하'야. 2대 황제인 양제는 북쪽의 베이징에서 남쪽의 항저우까지 무려 2,500킬로미터에 이르는 물길을 만들었어. 위진남북조 시대에 남쪽이 개발되면서 생긴 경제적 혜택을 북쪽에 있는 수도로 실어 나르려고 운하를 건설했지.

대운하 공사에는 1년에 100만 명이 넘게 동원되었다고 해. 그런데 양제는 대운하 공사만 한 게 아니라 별궁도 짓고, 세 차례나 고구려에 쳐들어갔어. 한 번 원정을 갈 때마다 100만 명이 넘는 병사를 동원했지. 그러니 백성의 불만이 폭발하는 게 당연했어. 결국, 수나라는 문제와 양제 2대 38년 만에 끝났단다.

이때 귀족 이연이 군사를 일으켜 수나라의 수도 장안을 점령하고 618년에 당나라를 세웠어. 이연이 바로 당나라의 1대 황제란다. 이후 그의 둘째 아들 이세민이 황제 자리에 올랐는데, 그가 바로 당 태종이지. 당 태종은 수나라에서 시작한 과거 제도를 정비하고 율령 제도를 완성했어. 그래서 태종의 통치를 '정관의 치'라는 말로 기린단다. 정관은 태종이 다스리던 시기의 연호야.

그럼 먼저 율령 제도를 살펴보자. 율령 제도란 뭘까? 모든 나라에는 헌법을 비롯해 죄인을 잡아 벌하는 형법이나 사람들 간의 분쟁을 해결해 주는 민법이 있고, 교통 법규 같은 규칙들이 있잖아. 율령은 바로 이런 법률이야.

율律은 죄에 대해 벌을 주는 형법이고, 령令은 각종 제도를 설명한 행정법이지. 그리고 이 두 법 아래 자세한 규칙을 설명한 '격格'과 '식式'이 있어. 당 태종 때 율령 제도를 완성했다는 말은 바로 율, 령, 격, 식이 모두 갖춰졌다는 얘기란다.

당의 2대 황제 태종은 무술과 전쟁 기술이 뛰어나 아버지를 도와 당을 세우는 데 큰 몫을 했다.

그렇다고 그 이전에 법률이 없었던 건 아니고, 법률이 자세하지 않았던 거지. 그리고 한나라 때는 황제가 다스리는 지역과 제후가 다스리는 지역이 따로 있어서 지역에 따라 법이 조금씩 달랐거든. 그러다 당나라에서 율령 제도를 완성하면서 모든 지역과 백성에게 똑같은 법을 적용할 수 있게 된 거야.

당나라는 이 율령에서 정한 대로 열여덟 살 이상의 남자에게 토지를 나누어 주는 균전제를 시행하고, 그 대가로 백성은 세금과 병역의 의무를 지게 했어. 백성은 토지에 대해 세금을 내고, 나라의 큰 공사에 동원되어 일했으며, 특산물을 바쳤어. 그리고 백성이면 누구나 군사 훈련을 받고 나라를 지키는 의무도 있었는데, 이를 부병제라고 해. 이렇게 율령을 기초로 토지 제도, 세금 제도, 군사 제도가 톱니바퀴처럼 맞물려 돌아가니 나라가 잘 운영될 수 있었지.

한반도와 일본의 고대 국가에서도 이 율령 제도를 받아들였어. 고구려는 373년, 신라는 520년에 율령을 널리 알렸고, 일본은 701년에 율령을 완성했어. 그리하여 동아시아 세계는 비슷한 법률 체계와 통치 제도를 가진 문화권을 이루게 되었단다.

과거 제도로 인재를 양성하다

법과 제도를 잘 운영하려면 훌륭한 관리가 필요하단다. 수나라 문제는 587년부터 지방에서 추천한 사람들에게 시험을 치르게 한 후 합격한 사람을 관리로 뽑았어. 이렇게 시험을 쳐서 관리를 뽑는 방식이 과거 제도야.

당나라도 이 과거 제도를 이어받았어. 지방에서 치르는 시험에 합격한 사람과 중앙의 국자감이라는 학교에서 공부한 인재들을 모아 다시 시험을 치르게 해 관리를 뽑았지. 그뿐 아니라 당나라는 주변 나라의 인재들에게도 '빈공과'라는 과거 시험을 볼 수 있게 했어. 신라의 최치원, 발해의 오소도가 이 시험에서 장원을 했단다.

위진남북조 시대에는 지방의 세력가들이 중앙에 관리를 추천하는 방식이어서, 귀족들이 관리 선발에 끼어드는 비리가 많았어. 그런데 이제 시험을 통해 관리를 선발하니까, 지방 세력가나 귀족들이 끼어들 수가 없었지.

다만 과거 시험에서 합격했다고 바로 관직에 나가는 것은 아니고, 다시 면접을 보고 합격해야 관리가 될 수 있었어. 이 과정에서 귀족의 자식들이 합격하는 경우가 많았지. 가문보다는 개인의 능력에 따라 인재를 뽑게 된 건 송나라 때부터였어.

당나라 말에 이르자 국경 지대를 지키던 절도사들이 곳곳에서 반란을 일으켰어. 이

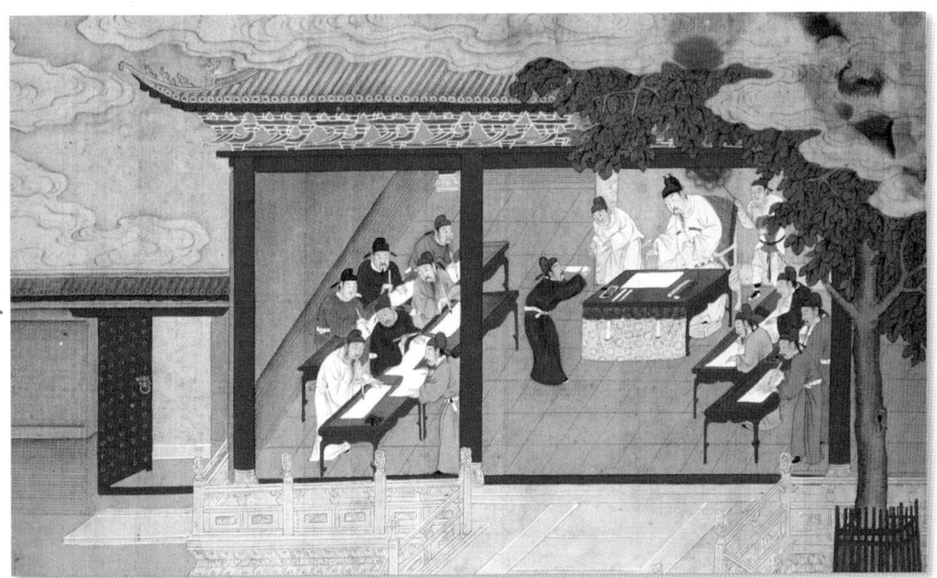
수나라 때 도입한 과거 제도는 청나라 말기까지 1,300년 동안 중국의 과거 등용 제도로 자리 잡았다.

로 인해 당나라가 무너졌지. 중국은 다시 북쪽에 5개의 왕조가 차례로 들어서고, 남쪽에도 10개의 나라가 세워지는 5대 10국의 혼란기에 빠졌단다.

군인이었던 조광윤이 이 혼란을 끝내고 960년에 송나라를 세웠고, 뒤이어 그의 동생이 황제가 되어 중국을 통일했어. 이들 송나라 태조와 태종은 무엇보다 군인들의 힘을 약화시키고자 했어. 그래서 문인들을 지방에 내려보냈는데, 그러려면 많은 문인이 필요했지. 그래서 과거 제도를 적극 시행하게 된 거야.

송 태조 때 한번은 점수를 잘못 매겨 시험을 다시 치르게 한 일이 있었는데, 이 일을 계기로 시험 마지막 단계에서는 황제 앞에서 시험을 치르게 했단다. 이후로 과거 시험은 지방, 중앙의 예부 그리고 황제 앞, 이렇게 세 번 치르는 게 제도로 정해졌어.

전통적으로 과거 시험 감독관과 합격자는 스승과 제자의 관계를 맺었는데, 이제 황제가 마지막 시험의 감독관이 되니 자연히 과거 시험 합격자와 황제 사이에도 스승과 제자의 관계가 맺어졌지. 그래서 과거 시험으로 뽑힌 관리들은 황제에게 충성을 다했고, 이들이 옆에서 도와주니 황제의 힘도 더 강해졌단다.

수와 당을 거쳐 송나라 때 완성된 과거 제도는 청나라 말까지 1,300여 년 동안 중국의 관리 등용 제도로 자리 잡았어. 그뿐 아니라 고려에 이어 조선과 베트남에서도 도입할 정도로 동아시아에서 널리 시행하는 제도가 되었단다.

교역이 활발하게 일어나다

"모든 길은 로마로 통한다."는 말이 있지만, 당나라 때에는 모든 길이 수도 장안으로 향했다고 해. 장안에는 중국 사람뿐 아니라 외국인도 붐볐지. 당 태종은 비단길의 길목인 쿠처에 안서도호부를 설치하고 비단길 교역을 이끌었어. 서역 상인들은 안서도호부에서 통행증만 받으면 당나라 어디든 가서 장사할 수 있었단다.

그리고 바닷길로도 교역했어. 2010년 아시안 게임이 열렸던 광저우가 교역의 중심지였어. 이곳에서 동남아시아, 인도, 페르시아 지역까지 연결된 국제 무역이 이루어졌지. 광저우를 비롯한 당의 항구에는 여러 나라에서 온 신기한 물건들이 가득 찼어. 당에서는 비단과 도자기를 수출하고 향료, 상아, 진주 같은 사치품을 수입했어. 그리고 이 수입품은 다시 한반도나 일본으로 전해졌지. 이때 국제적인 교역을 주도한 사람이 신라의 장보고야.

수입품들은 장안에 사는 귀족들한테 인기가 높았어. 수나라 때 남북을 연결하는 대운하를 건설한 덕분에 남쪽으로 들어온 수입품은 운하를 따라 빠르게 북쪽의 장안으로 운송되었지. 그래서 장안은 비단길과 바닷길로 들어온 물건과 사람이 모여드는 국제도시가 되었단다.

당나라는 장안성 동쪽과 서쪽에서 시장을 열었어. 그중 동시는 한반도, 일본과 연결되고, 서시는 서역과 연결되는 시장이었어. 서시에는 외국인이 많이 살았지. 이들은 자신들의 종교 시설까지 지어 놓고 참배했어. 당나라는 이들의 종교를 모두 인정했거든. 당나라가 얼마나 개방적인 나라였는지 알 수 있지.

이렇게 서역 물건과 서역 사람이 많다 보니 서역의 복장, 음식, 음악도 유행했어. 당나라 사람들은 서역인을 '호胡'라 하고, 서역 문화를 '호풍胡風'이라고 했단다.

상업과 해상 무역은 송나라 때 더 발전했어. 송의 수도는 카이펑인데, 황허 강과 운하가 만나는 곳이라 남과 북의 물품이 모두 모여들었지. 당의 수도 장안에는 동시와 서시 두 곳만 허용되었고 해가 지면 모두 문을 닫아야 했지만, 카이펑은 밤에도 큰길가에 상점이 즐비했어. 인구도 150만 명이나 되어 장안의 1.5배였다고 해.

이러한 번영은 양쯔 강 유역의 강남 지역이 크게 개발된 덕분에 가능했지. 강남은 수나라 때 건설한 운하 덕분에 드나들기가 쉬워졌고, 당나라 때 본격적으로 개발되었어. 벼농사에 필요한 물을 모으고 빼는 시설을 갖추면서 벼의 생산이 늘고, 차나 목화의 생산량도 늘었지. 그리고 송나라 때는 모내기를 시작해 훨씬 많은 양을 수확

송나라 때 그려진 「청명상하도」는 청명절 송의 수도 카이펑 안팎의 번화한 모습을 잘 묘사했다. 비단 두루마리에 그린 폭 24.8센티미터, 길이 528.7센티미터의 그림으로, 아래 그림은 일부분이다.

할 수 있게 되었어. 벼가 잘 자라도록 퇴비도 듬뿍 주었고. 가장 좋은 퇴비는 무엇이었을까? 사람 똥이야. 심지어 도시의 똥을 강남으로 운반하기도 했대. 쌀뿐 아니라 차, 소금, 채소 같은 농산물과 견, 마, 도자기, 칠기 같은 수공업품도 만들어 판매했어. 그 결과 상업이 크게 발전했지.

게다가 당시 중국의 항해술은 세계 최고였어. 중국의 3대 발명품 중 하나인 나침반은 항해의 필수품이었지. 그래서 송나라는 먼 거리의 국제 무역을 장악할 수 있었고, 이 과정에서 중국인들이 동남아시아로 나가 살기 시작했어.

> **중국의 항해술**
> 당시 서역이나 유럽의 배는 사람이 노를 저어 방향을 잡는 방식이었는데, 중국의 배는 배 뒤에 방향타라는 것이 있어서 훨씬 쉽게 항해할 수 있었다.

송나라의 배는 고려의 무역항인 벽란도에도 닿았어. 송나라 상인들은 비단, 차, 약재 등을 가져와서 고려의 인삼, 삼베 등을 사 가지고 갔지. 아라비아 상인들도 상아, 수정, 후추 같은 것들을 가지고 왔어. 이 아라비아 상인을 통해 고려가 세계에 알려지면서 '코레아Corea'라고 불리게 되었단다.

해상 무역은 한 번에 수백 명에서 1,000명이 넘게 이동하기 때문에 육상 무역과는 비교할 수 없는 대량의 물건이 거래되었어. 그래서 동전보다는 지니고 다니기 쉽고 금액도 큰 지폐를 사용했지. 이때 사용한 '교자'라는 지폐는 세계 최초의 지폐란다.

당과 송 시대에 바닷길과 육로를 통한 국제 교역으로 중국은 개방적인 세계 제국의 모습을 갖추었어. 이러한 상업과 교역의 발달을 상업 혁명이라고 말하기도 해.

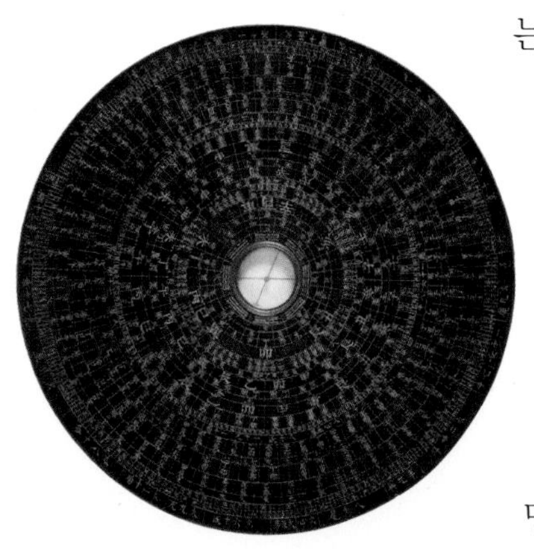

중국 3대 발명품 중 하나인 나침반.

역사 타임캡슐

정관정요

- 황제에 오른 해에 태종이 신하들에게 말했다. "군주의 도리는 백성을 먼저 생각하는 것이다. 만일 백성에게 해를 입히고 욕심을 채운다면, 마치 자기 넓적다리를 베어 배를 채우는 것과 같아서 배는 부를지언정 몸은 죽게 된다. 천하를 안정시키려면 먼저 군주 자신의 행동을 바르게 해야 한다."

  –1권 논군도論君道 제1

- 황제에 오른 지 5년째 되는 해에 태종이 신하들에게 말했다. "군주와 신하가 한 몸이 되었으니 한마음으로 도와야 한다. 이치에 맞지 않는 일을 하려고 하면 잘못을 고치도록 한 치의 숨김도 없이 말해 주어야 한다. 만일 군주와 신하가 서로 의심하여 마음속의 말을 할 수 없다면 이것은 나라의 큰 재앙이다."

  –1권 논정례論政體 제2

당나라의 사관 오긍이 썼다. 오긍이 살던 때는 중국 역사상 유일한 여자 황제 측천무후가 다스리던 시대였다. 오긍은 측천무후의 정치를 보면서, 최고 통치자의 잘못된 행동은 백성뿐 아니라 나라에도 큰 재앙이라는 것을 깨달았다. 그래서 새 황제에게 나라를 세우는 데 필요한 정치 철학을 알려 주어야 한다는 생각으로 『정관정요』를 썼다. 군주의 도리와 관리 임용, 군신 관계, 농업, 형벌, 사상 등 정치와 관련한 모든 주제를 이 책에 담았다.

인도 중부 마디아프라데시 주 보팔에 있는 산치 대탑.

데칸 고원을 경계로 북인도와 남인도로 나뉘어 서로 다른 역사를 만들어 온 인도는 인더스 문명 시대부터 세계 여러 나라와 활발하게 교역했어. 남인도의 나라들은 동남아시아에 속국을 세우기도 했고, 무역 상인들의 집단 거주지를 만들기도 했지. 그러면서 인도 문화가 자연스럽게 동남아시아로 흘러 들어갔어. 동남아시아의 언어와 종교, 예술에는 인도 문화의 흔적이 많이 남아 있단다.

인도 문화의 확산과 동남아시아

여러 왕국이 나타나다

북부 인도에서 중앙아시아의 유목 민족인 월지가 세운 쿠샨 왕국이 무너지고 100여 년이 지난 뒤, 굽타 제국이 등장했어. 4세기 초의 일이지. 제국을 세운 찬드라굽타 1세와 사무드라굽타, 찬드라굽타 2세, 이렇게 3대에 걸쳐 굽타 제국은 정치, 경제, 문화 등 모든 분야에서 전성기를 누렸어.

십진법을 사용했고 영(0)을 포함한 인도 숫자를 만들었으며 원주율을 계산했지. 천문학자들은 지구가 둥글며 자체의 축을 중심으로 자전한다고 주장했어. 달은 스스로 빛나는 것이 아니라 태양 빛을 반사한다는 것도 밝혔지. 일식과 월식은 지구의 그림자 때문에 일어나는 현상이라고 설명했어. 게다가 태양계의 행성까지 발견했어. 그리고 유명한 체스 게임도 만들었단다.

왕들은 예술과 철학, 종교를 후원했고, 시인이며 음악가였어. 그래서 힌두 문화는 모든 면에서 눈부시게 발전했지. 산스크리트 어는 이제 베다를 연구할 때만 필요한 브라만의 언어가 아니었어. 서사시와 희곡 작품도 창작되었으니까 말이야.

오래전부터 전해 내려오던 서사시 『마하바라타』와 『라마야나』도 이때 완성되었고, 많은 사람에게 알려져 사랑 받았어. 그리고 힌두교가 널리 퍼져 나갔지.

아잔타의 불교 사원과 석굴은 와구르나 협곡의 웅장한 경치를 배경으로 화강암 절벽을 파내 지었다. 기원전 1세기부터 약 800년에 걸쳐 만들었으며, 사원과 수도원으로 이루어졌다.

한편, 남부 인도에는 북부 같은 통일 국가가 없었어. 데칸 지방에는 안드라 왕국이 있었어. 지배층은 힌두교 신자였지만, 불교도 좋게 생각했지. 불교 미술이 발달해서 산치와 아마라바티의 불탑이 유명하고, 인도의 풍속이나 불교 문화를 다채롭게 구석구석 묘사해 놓은 아잔타의 불교 사원과 석굴도 유명해.

안드라 왕국은 상업이 국가 경제의 중심이었기 때문에 외국과 교역이 활발했어. 서해안의 항구는 페르시아 만과 아라비아 해안으로 가는 배들로 붐볐지. 로마와 교역도 잦았기 때문에 로마의 금화가 많이 들어왔어.

인도의 가장 남쪽인 타밀 지역에는 오래전부터 드라비다 인이 살고 있었어. 마우리아 제국의 지배도 타밀 지역까지는 미치지 못해 이곳 사람들은 고유의 문화를 간직할 수 있었단다. 이 지역에서 촐라, 체라, 판디아 세 왕국이 경쟁하고 있었지.

세 나라가 서로 다투고 있을 때 팔라바 왕국이 들어섰어. 팔라바 왕국의 영토는 인도 대륙을 동서로 가로지르고 있어서 양쪽 해안을 통해 활발하게 외국과 교역할 수 있었어. 덕분에 경제적으로 풍요로웠지. 하지만 9세기에 촐라 왕국에 정복당했어.

촐라 왕국은 영토를 넓히기보다 외국과 교역하는 데 더 심혈을 기울였어. 그리고 무역으로 벌어들인 넉넉한 재정으로 사원을 세우고 타밀 문화를 꽃피웠지.

체라 왕국도 정복 전쟁은 하지 않았어. 나라의 힘이 약해진 후에는 판디아 왕국이나 촐라 왕국의 지배를 받다가 14세기에 이슬람에 정복당해.

712년 우마이야 왕조의 이슬람 세력이 처음 인도를 공격한 후, 본격적으로 인도에 쳐들어온 이슬람교도무슬림는 가즈니 왕국의 무하마드였어. 그는 펀잡 지방을 비롯한 북인도와 아라비아 해 연안까지 침략해 재물을 빼앗고 도시를 파괴했어.

다음에는 구르 왕조의 무하마드가 다시 펀잡과 갠지스 평원으로 침략해 들어왔지. 그들은 1192년에 힌두 연합군을 이겼고, 이때부터 인도는 무슬림의 지배를 받기 시작했단다.

판디아 왕국의 수도 마두라이에 남아 있는 힌두 사원. 타밀 지역의 드라비다 인이 세운 판디아 왕국은 남인도 고유 형식의 힌두 사원을 지었다.

힌두교가 발달하다

굽타 제국의 왕들은 그동안 다른 민족의 손길로 이어 온 인도 문화를 아리아 인의 문화로 다시 세우기 위해 온갖 노력을 아끼지 않았어.

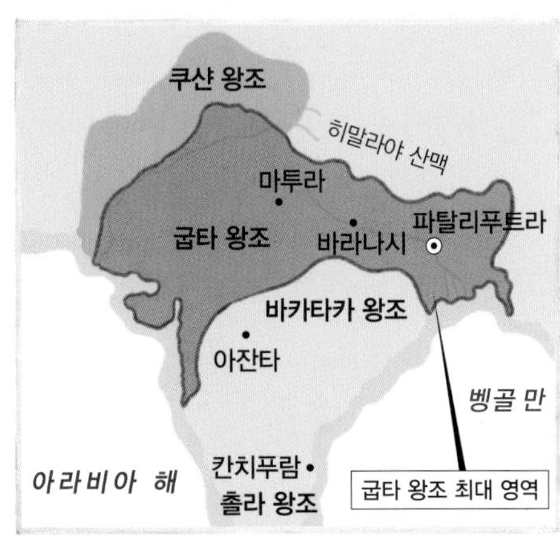

굽타 왕국 영역 지도

전통문화를 되살리는 첫 단계로 왕권을 강화해 왕의 지위를 높였어. 찬드라굽타 1세부터 '대왕 중의 왕'이라는 호칭을 처음 쓰기 시작했고, 사무드라굽타 왕은 베다에 나오는 아슈바메다라는 제사를 성대하게 치러서 브라만교의 전통을 지키는 모습을 보여 주었지. 더불어 왕의 위엄도 한껏 살렸어. 제사를 책임지는 브라만은 크샤트리아의 왕권이 하늘에서 내린 것임을 확인해 주었고, 크샤트리아는 브라만의 종교적 권위를 지켜 주었어.

다음으로 한 일은 브라만교에 토속 신앙을 알맞게 버무려 모든 인도 사람이 믿고 따를 수 있는 종교인 힌두교가 자리 잡게 한 거야. 시바 신과 비슈누 신이 힌두교의 중심이 되었지. 일반 백성에게는 너무 어려운 베다나 우파니샤드 대신 수백 년 동안 내려온 서사시인 『마하바라타』와 『라마야나』를 읽게 해 종교적 깨달음을 얻게 했어. 그리고 인류의 시조인 마누가 썼다고 전하는 『마누 법전』에 기록된 일상생활의 규범을 따르게 했지.

아슈바메다
산스크리트 어로 '말 희생제'라는 뜻이며, 베다 시대 의식 가운데 가장 중요한 종교 의식이다. 종마를 선택해 왕실 병사의 호위를 받으며 1년 동안 자유로이 돌아다니도록 한 후, 말이 거쳐 간 영토의 지배자들과 함께 수도로 들어오게 한다. 그리고 말을 제물로 바친다. 이 의식은 왕의 명예를 드높이는 한편, 왕국의 번영과 풍요를 비는 의식이었다.

백성은 카스트 계급에 따라 의무와 책임도 달랐고, 선택할 수 있는 직업도 달랐어. 카스트 제도가 뿌리를 내리자 하층민에게 신분과 직업은 벗어날 수 없는 족쇄가 되었단다.

이렇게 종교 규범으로 사회적 지위와 관습의 한계를 정해 놓으면, 통치자가 넓은 땅에서 다양한 종족의 많은 인구를 다스리는 데 큰 도움이 되지. 더구나 의무와 책임이 종교와 연결되어 있어 다음 생에까지 영향을 미친다고 하면 더 말할 것도 없겠지. 다음 생을 볼모로 잡혔으니까 말이야.

남부 인도의 안드라 왕국은 아소카 왕의 포교 정책으로 브라만교보다 불교와 자이나교를 먼저 만났어. 그래서 불교 신자가 많아. 특히 나가르주나콘다와 아마라바티에 있는 불교 문화 유적은 예술가들의 신심과 열정, 후원자의 경제력을 짐작할 수 있게 하지.

인도의 남쪽 맨 끝에 있는 타밀 지방도 자이나교와 불교를 먼저 만났어. 나중에 브라만교를 받아들여 지배층은 베다에서 가르치는 제사를 지냈지만, 일반 백성은 토속 신앙과 비슈누 신앙이 어우러진 신앙을 가졌단다.

인도에서는 종교 갈등이 없었어. 불교의 세계 전파를 목표로 삼았던 마우리아 제국의 아소카 왕도 브라만교를 기꺼이 지원했고, 브라만교를 믿는 굽타 제국의 왕들도 불교를 후원했지. 종교 때문에 서로 괴롭히고 싸움을 벌인 유럽과는 전혀 다른 모습이지.

동남아시아에 인도 문화가 전해지다

기원전 2세기 무렵부터 인도 상인들은 중국, 이집트, 로마, 동남아시아와 무역을 했어. 동남아시아는 인도 상인들에게 중국으로 가는 징검다리로 아주 중요했어. 먼 바닷길을 가는 동안 물과 식량을 보충해야 하고, 배를 수리해야 할 때도 있고, 환자가 생길 수도 있으니까 말이야.

돛단배를 타고 항해했던 당시에는 무엇보다 바람의 힘이 중요했어. 바람이 없으면 배가 꼼짝도 할 수 없었거든. 인도의 거의 모든 나라에 무역 상인이 많았기 때문에 인도 상인들은 동남아시아의 여러 항구 도시에 집단 거주지를 마련해 놓고 무역풍이 불 때까지 기다렸지.

이렇게 해서 동남아시아에 인도 상인들의 거주지가 형성되었고, 차츰 그곳에 눌러 사는 사람도 생겼어. 그러면서 동남아시아 사람들과 인도 상인 사이에 문화 교류가 시작되었고, 동남아시아 주민은 인도의 다양한 문물을 받아들이기 시작했단다.

동남아시아 사람들은 황금시대를 누린 굽타 제국의 브라만들로부터 시바와 비슈누 같은 힌두교 신들과 산스크리트 어를 받아들였어. 해상 교역의 징검다리 구실을 하며 일찍부터 인도 문화를 받아들인 이들 나라는 왕의 명령으로 아름다운 사원을 지었어. 그리고 힌두교와 불교의 신화를 사원 건물에 조각해 신들이 왕의 권위를 인정했음을 나타냈지.

7세기에 일어난 스리비자야 왕국은 대승 불교를 받아들였어. 그리고 속국인 샤일렌드라에 8세기 말 보로부두르 불교 사원을 세웠지. 인도차이나 반도의 농업 국가 앙코르는 9세기에 앙코르와트 사원을 지었어. 10세기 무렵에는 자바가 힌두교를 국교로 결정하면서 프람바난 힌두 사원을 세웠고, 같은 시기 버마에서는 버강 왕조가 성립되어 버강 불교 사원을 세웠지. 태국과 버마는 12세기 말 스리랑카로부터 소승 불교를 받아들였고, 이때부터 태국에 불교가 퍼지기 시작했어.

자바 섬 중심부에 있는 보로부두르 불교 사원.
대승 불교를 받아들인 스리비자야 왕국이 세웠다.

동남아시아는 해상 무역을 통해 인도의 왕권 사상, 힌두교와 불교, 서사시, 산스크리트 어에 이르기까지 정치, 종교, 언어, 문화를 다 받아들였어. 그러면서 인도 문명권을 형성했고, 지금도 인도 문화의 흔적이 많이 남아 있지. 하지만 동남아시아의 힌두교는 인도처럼 카스트 제도와 결합하지 않았어. 오히려 인도에서 사라진 불교가 동남아시아 대부분 나라의 종교가 되었고, 나머지는 이슬람 국가로 바뀌었단다.

앙코르 왕국이 9세기에 세운 앙코르와트 힌두교 사원. 왕이나 왕족이 죽었을 때 비슈누 신을 만날 수 있도록 기원하는 곳이다.

마누 법전

- 아리아 인은 우파니샤드를 포함한 베다 전체를 공부해야 하며, 베다에 기록된 모든 명령을 따라야 한다.
- 매일 목욕하고 깨끗하게 한 후 신과 성자와 죽은 자의 영혼에 물을 바치고, 신의 형상에 예배 드리고, 성스러운 불에 연료를 올려야 한다.
- 꿀, 고기, 향수, 꽃다발, 향신료, 여자를 금하고, 살아 있는 생명체에 해를 입혀서는 안 된다.
- 설령 정당한 이유가 있더라도 선생님을 비난하면 다음 생에 당나귀로 태어날 것이고, 거짓으로 선생님의 명예를 더럽히면 개로 태어날 것이다. 선생님의 돈으로 음식을 먹는 사람은 벌레로 태어나고, 선생님의 장점을 질투하면 큰 벌레로 태어날 것이다.

마누 법전에는 브라만교 신자가 평생 동안 밟아야 할 인생의 4단계를 정해 놓았다. 이를 '아슈라마'라 하고 '4주기'라고 번역한다.

1주기 : 스승 밑에서 베다 성전을 배우는 시기.

2주기 : 가정을 이루고 아이를 낳아 키우며 베다의 가르침을 지키는 시기.

3주기 : 숲으로 들어가 조용히 수행하는 시기.

4주기 : 일정한 거주지 없이 빌어먹으며 다니는 시기.

위 내용은 이 중 첫 번째 주기에 해당하는 부분이다. 학생이 가져야 할 몸가짐과 마음가짐, 스승을 존경할 것과 베다 공부의 중요성을 강조하고 있다.

메카의 카아바 신전에서 기도하는 무슬림들.

고대 페르시아 제국이 알렉산드로스한테 무너진 뒤 서아시아 지역은 알렉산드로스 제국과 로마 제국의 지배를 받았어. 그러다 지금의 이란 동쪽에서 파르티아 제국이 탄생했고, 그 후 사산조 페르시아가 뒤를 이었지. 하지만 이들은 다시 세계사의 주인공으로 등장하지 못했어. 이슬람 세력이 새롭게 주인공으로 등장했기 때문이야. 그럼 이슬람 세력의 역사가 어떻게 시작되고 펼쳐졌는지 살펴볼까?

이슬람 세계의 등장과 번영

무함마드가 이슬람교를 만들다

아라비아 반도에는 셈 족에 속하는 아랍 인이 주로 살았는데, 이들이 사는 곳은 반도 중앙의 붉은 모래사막에 의해 나뉘었어. 북쪽에는 주로 유목민인 베두인 족이 낙타와 염소, 양과 말을 기르며 살았지. 이들은 오랫동안 어렵게 생활하다 보니 약탈과 협동이 몸에 배어 있었어. 반면 남서쪽 지역은 비가 많이 오는 비옥한 땅이어서 주로 농사를 지었지.

아라비아 반도에서 중요한 곳은 반도의 가장자리인 서쪽 해안 지역이야. 고대부터 향료가 많이 나는 남부 아라비아와 지중해 연안의 시장을 연결하는 통로였거든. 대상들은 이 지역을 따라 무역을 했고, 이 길에 있던 메카와 메디나는 대표적인 교역 도시였어. 그래서 이곳에는 다양한 사람이 모여 살았고, 그중에는 크리스트교 신자들도 공동체를 이루고 살았단다.

이슬람의 마지막 예언자라 불리는 무함마드는 가난한 집에 태어나 어렵게 자랐어. 아라비아 지역은 대체로 토착 신앙과 원시 신앙이 뿌리내렸는데, 무함마드가 자라난 메카에서는 하늘에서 떨어진 거대한 운석을 '아담 시대에 떨어진 검은 돌카아바'이라며 숭배했어. 무함마드도 처음에는 전통 신앙을 가졌는데, 나이가 들면서 여러 우상

명상하던 무함마드에게 천사 가브리엘이 나타난 장면을 그린 그림. 무함마드는 가브리엘로부터 신의 계시를 받고 이슬람교를 창시했다.

을 숭배하고 도덕적이지 못한 전통 신앙에 실망하게 되었어. 그리고 유대교나 크리스트교처럼 문자로 된 경전을 가진 종교와 그 신자들을 존경했다고 해.

무함마드는 카디자라는 부유한 여성와 결혼해 형편이 나아지자 종교적 명상에 자주 빠지게 되었어. 그러다 마흔 살에 천사 가브리엘을 만나는 신비한 체험을 하면서 자기가 알라의 진정한 예언자이자 사도라고 여기게 되지. 그는 자신이 아브라함, 모세, 예수를 잇는 마지막 예언자로서 가장 완벽한 계시를 받았다고 주장했어. 무함마드는 자신의 깨우침을 전하기 시작했지만, 처음 4년 동안 그를 따르는 사람은 40명 남짓했고, 오히려 전통적인 다신교 추종자들한테 많은 괴롭힘을 당했어.

그래서 자신을 따르는 사람들을 데리고 메카에서 북쪽의 야스립으로 옮겨 갔는데,

이 사건을 헤지라라고 해. 무함마드는 몇 년 만에 야스립을 완전히 차지하고 도시 이름도 '예언자의 도시'라는 뜻의 메디나로 바꿨어. 이로써 무함마드는 정치, 군사, 종교적 권위까지 가진 군주가 되었지. 메디나에서 이슬람의 여러 종교 의식을 만든 무함마드는 메카와 싸워 이기고, 630년에 모든 아라비아의 지도자가 되었어.

헤지라
무함마드가 추종자들을 데리고 메카에서 메디나로 떠난 사건을 말한다. 무함마드는 메디나에서 이슬람 공동체를 세웠다. '성스러운 이동'이라는 뜻이며 헤지라를 한 622년은 이슬람력이 시작되는 해이다.

무함마드가 메카를 정복한 후 처음 한 일은 카아바 신전으로 가서 검은 돌에 절하는 일이었어. 그러고는 사원 안에 있는 우상들을 파괴하고 벽화들을 없앴지. 아랍 부족들은 632년에 무함마드가 죽을 때까지 서서히 통합되어 갔지만, 무함마드가 워낙 갑자기 죽는 바람에 후계자를 뽑기가 어려웠어. 결국, 무함마드의 유력한 후원자였고 가장 나이가 많았던 아부 바크르가 그의 뒤를 잇는 칼리프로 선출되었지.

무슬림들은 여전히 무함마드가 최후의 예언자라고 믿고 있어. 무함마드가 죽었을 때 인류를 향한 신의 계시는 모두 완결되었으며, 더는 어떤 예언자나 계시가 있을 수 없다고 생각하지. 문제는 신이 내려 준 율법을 어떻게 지켜 나가며 다른 사람들에게 전해 주느냐인데, 가장 좋은 해결 방법은 역시 국가와 권력이었단다.

세 대륙에 걸쳐 이슬람 제국을 건설하다

무슬림들이 다른 지역을 침략하기 시작한 건 무함마드 때부터였어. 후계자들 역시 적극적으로 추진했고, 아라비아 안에서 싸움을 그치면서 군사력이 남자, 무함마드는 바깥 세계를 정복하기 시작했어. 병사들도 새로운 종교에 대한 믿음으로 사기가

이슬람의 예배는 '이맘'이라는 예배 인도자의 진행에 따라 이루어진다.

높았지. 게다가 비잔티움 제국과 사산조 페르시아가 오랫동안 서로 싸우느라 약해진 시기여서 무슬림 세력은 매우 빠르게 퍼져 나갔단다.

아랍 어로 칼리프는 '후계자'와 '대표자'라는 뜻을 함께 가지고 있어. 즉, 무함마드의 뒤를 잇는 칼리프는 무함마드의 후계자인 동시에 무슬림의 대표자라는 뜻이야. 이 무렵 다른 왕국들이 맏아들에게 왕위를 물려주었던 것과 달리, 아랍 인에게는 전통적으로 그런 원칙이 없었어.

첫 번째 칼리프인 아부 바크르는 비잔티움 제국 및 사산조 페르시아 제국과 싸워 이겨 이슬람 제국의 기초를 닦았어. 하지만 칼리프에 오른 지 2년 만에 죽고 말았지. 그는 숨을 거두기 전에 우마르를 두 번째 칼리프로 지명했어.

2대 칼리프가 된 우마르는 팔레스타인 지역과 사산조 페르시아를 정복하고 이집트까지 차지해 지중해 연안에 이슬람교를 퍼뜨렸어. 하지만 이 과정에서 적을 많이 만드는 바람에 크리스트교 신자에게 죽임을 당했지.

세 번째 칼리프는 다시 선출 방식으로 정해졌어. 그래서 메카에서 이름 높은 우마이야 가문의 우스만이 3대 칼리프 자리에 올랐단다. 우스만 역시 적극적으로 정복 전쟁을 벌여 이슬람 제국의 영토를 넓혀 갔어. 그런데 우스만은 656년에 자객에게 암살당하고 말아.

4대 칼리프 자리는 무함마드의 사촌인 알리에게 돌아갔지만, 알리 역시 반대파에 의해 목숨을 잃었지. 이로써 무함마드의 가르침을 받은 정통 무슬림이 칼리프가 되는 시대가 막을 내렸단다.

알리를 따르던 무리는 나중에 '시아파'라는 이슬람교 종파로 갈라져 나와. 시아는 '시아 알리', 즉 '알리의 추종자'라는 뜻이야. 이슬람교에서는 아부 바크르에서 알리까지 이어진 4명의 후계자 시대를 정통 칼리프 시대라고 한단다.

알리의 뒤를 이어 5대 칼리프에 오른 사람은 우마이야 가문의 무아위야였는데, 그

이슬람 제국의 영토 확장

는 군주제를 바탕으로 하는 우마이야 왕조를 열었어. 이때부터 우마이야 가문이 대대로 왕위를 물려받게 되었지.

왕조를 연 무아위야는 자신의 권력 근거지인 다마스쿠스로 수도를 옮기고, 영토를 넓힐 기틀을 다졌어. 무아위야는 중앙아시아와 북아프리카를 정복했고, 뒤를 이은 왕들은 영토를 더욱 넓혔어. 동쪽으로는 중국과 맞닿은 지역까지 정복하고 인도 북서부를 차지했으며, 서쪽으로는 북아프리카를 지나 에스파냐의 대부분을 정복하고 프랑스 지역으로 나아갔지. 한편으로는 비잔티움 제국을 꾸준히 공격하면서 세력을 약화시켰고, 마침내 8세기 초에 드넓은 영토를 차지한 제국이 되었단다. 만약 이슬람 내부의 갈등이 없었다면 이들은 유럽도 정복했을 거야.

이슬람 세계가 커 나감에 따라 우마이야 왕조는 주변 강대국들의 언어를 버리고 자신들의 언어인 아랍 어를 공식 언어로 사용하게 했어. 이슬람 경전인 쿠란은 번역을

다마스쿠스의 대모스크. 우마이야 제국의 수도였던 다마스쿠스에는 대모스크를 비롯해 많은 이슬람 건축물이 있다.

못하게 했기 때문에 경전을 읽기 위해 아랍 어가 널리 전파되었지. 또 이들은 다마스쿠스를 비롯한 주요 도시에 이슬람 대사원을 지었어.

이슬람 사람들은 어떻게 해서 이렇게 빨리 세력을 뻗어 나갈 수 있었을까? 여러 가지 까닭이 있겠지만, 이슬람 사람들이 정복지에서 펼친 너그러운 정책과 다른 종교와 쉽게 어우러지는 이슬람교의 교리 때문이었을 거야.

오늘날 "한 손에는 쿠란, 한 손엔 칼"이라고 알려진 것과 달리 이슬람 사람들은 정복지의 주민에게 이슬람으로 종교를 바꾸라고 강요하지 않았어. 그 대신 세금을 바치라고 했지. 그리고 이슬람교로 개종하면 세금을 면제해 준다고 했어.

정복지의 주민도 마침 종교 때문에 로마 제국으로부터 괴롭힘을 당하고 있었어. 그러던 차에 이슬람교의 교리가 자신들이 믿는 종교와 어긋나지 않으니까 쉽게 받아들인 거야.

우마이야 왕조는 제국이라 불릴 정도로 드넓은 영토를 차지하고 여러 문화권을 다스리게 되었지만, 아랍 문화의 성격이 강했어. 그러다 보니 아랍 인이 아닌 사람들은 여러 가지 차별을 받았고, 이 때문에 불만이 쌓였지. 아랍 민족 사이에서도 시아파와 수니파의 갈등이 생겼어. 게다가 왕위를 차지한 사람이 자기 형제들을 없애는 전통은 왕자들 간에 큰 불화를 낳았어. 이런 갈등 끝에 결국, 8세기 중엽 시아파와 힘을 합친 아바스 가문이 우마이야 왕조에서 세력을 키우게 된단다.

과학과 문화가 발달하다

아바스 가문은 무함마드의 삼촌인 아바스에서 시작된 집안이야. 아바스는 예언자 가족이 칼리프를 이어 받아야 한다고 주장하는 시아파의 도움으로 우마이야 왕조를 무너뜨리고 아바스 왕조를 열었어. 그런데 아바스 왕조는 시아파와 한 약속을 어기고 오히려 시아파를 못살게 굴었어.

아바스 왕조는 절대 왕권을 주장하며 우마이야 왕조처럼 맏아들에게 왕위를 물려주는 전통을 따랐어. 예배 인도자를 이르는 말이었던 '이맘'이라는 칭호를 왕의 호칭으로 사용해 종교와 정치를 하나로 묶으려 했어. 그리고 바그다드 한가운데 금으로 장식한 화려한 궁전을 지어 바그다드가 제국의 수도이자, 무역과 문화의 중심이 되도록 했단다.

아바스 왕조는 아랍 인의 뜻을 새롭게 정립했어. 이슬람을 믿는 사람을 아랍 인으로 여긴 거야. 아바스 왕조는 아랍 인과 그렇지 않은 사람의 세금 차별을 없애고자 했어. 또 이슬람법에 기초하여 나라를 다스리려고 했지. 하지만 각 지방에서 정치, 군사적으로 힘을 가진 총독들이 자꾸 독립을 시도하면서 칼리프의 권력은 서서히 약해진단다.

10세기 초에는 북부 아프리카의 파티마 왕조와 무너진 우마이야 왕조가 피신해서 세운 후기 우마이야 왕조가 차례로 칼리프 칭호를 써. 그동안 아바스 왕조만 쓸 수 있었던 칭호를 자기들도 쓴 거지. 이렇게 해서 이슬람 세계에는 여러 명의 칼리프가 존재하게 되고, 이는 이슬람 세계의 분열로 이어졌어.

10세기 중반에는 이란계 시아파인 부와이 왕조가 아바스 왕조의 수도인 바그다드를 점령해. 결국, 아바스 왕조는 1258년 훌라구가 이끄는 몽골에 의해 무너진단다.

이슬람 제국은 매우 높은 수준의 물질적 번영을 이루었어. 이슬람이 정복한 지중해 연안 국가는 옛 로마 제국의 영토 중에서도 가장 부유한 속주들이었거든. 이슬람에 정복당한 뒤에는 아라비아 대상들의 활발한 교역으로 더욱 부유해졌지. 특히 아바스 왕조의 2대 칼리프인 알 만수르는 이슬람 문명을 일으킨 선두 주자였어. 알 만수르는

무슬림 학자들은 필요한 것을 받아들이는 데에 주저하지 않았다. 덕분에 어느 지역의 학자들보다 앞선 지식을 갖게 되었고, 이슬람 제국의 과학과 문화는 나날이 발전했다.

이슬람의 의학은 최고 수준이었고, 의사들은 외과 수술도 했다.

수많은 학자를 수도 바그다드로 끌어모아 그리스와 로마의 찬란한 유산을 수집하고 아랍 어로 번역하도록 했어.

이슬람의 과학과 문화는 나날이 발전했지. 히포크라테스와 갈레노스의 의학책들을 번역하자, 이슬람의 의학은 세계 최고 수준으로 올라갔어. 알 라즈는 20권에 이르는 종합 의학책을 썼는데, 이 책에는 그리스, 인도, 아랍 의학의 핵심이 담겨 있단다.

아베로에스 역시 종합 의학책을 썼는데, 그는 눈의 망막 기능을 제대로 이해한 첫 번째 의학자였어. 또 천연두를 한 번 앓은 사람은 다시는 걸리지 않는다는 사실도 발견했어.

수학 분야에서는 인도에서 발달한 '영(0)'을 받아들이고, 그것을 유럽에 전파해 계산 방식에 혁명적인 변화를 일으켰어. 이슬람의 연금술사들은 정밀한 실험을 통해 오늘날 화학의 기초가 되는 기술과 도구를 크게 발전시켰단다.

아랍의 과학과 학문은 12세기까지 전성기를 누렸는데, 이 시기 유럽은 과학의 암흑시대였어. 12세기에 거의 400년 만에 이슬람한테서 에스파냐를 되찾은 유럽 인에게 이슬람 문명은 그야말로 충격이었지. 자신들과는 비교할 수 없을 정도로 앞섰기 때문이었어.

유럽의 학자들은 이슬람의 수준 높은 과학과 학문을 배우려면 아랍 어로 된 책들을 다시 번역하는 수밖에 없었어. 결국, 여기에서 시작된 지식의 발전이 근대 과학의 발달을 이루어 냈으니, 이슬람의 과학과 학문은 서양 근대 과학의 바탕이 되었다고 할 수 있지.

역사 타임캡슐

쿠란

자비로우시고 자애로우신 하느님의 이름으로,

(1) 알리프 람 라, 이것은 하느님이 그대에게 계시한 한 권의 성서이거늘, 이로 말미암아 백성을 어둠에서 빛으로 주님의 허락에 따라 인도하라.

(2) 천지의 모든 것이 하느님께 속하며 믿지 않는 자에겐 가혹한 재앙이 있으리라.

(3) 다음 세상보다 현재의 삶을 좋아하는 자들과 하느님의 길을 방해하는 자들과 비뚤어짐을 구하는 자는 모두 오랜 방황에 있게 되리라.

(35) 그리고 아브라함은 기도했노라. 주여, 이 도시를 평화롭게 하여 주시고, 저와 제 자손이 우상을 섬기지 않도록 하여 주소서.

(39) 나이가 많은 저에게 이스마엘과 이삭을 주신 하느님, 영광을 홀로 받으소서. 실로 주님은 기도에 응답하시는 분이시라.

쿠란은 이슬람교의 최고 경전으로 '읽어야 할 것'이라는 뜻이다. 쿠란은 이슬람 문화의 기초이자 이슬람 신자들의 생활 기준이 되지만, 번역하는 것은 허용하지 않는다. 위에 인용한 부분은 쿠란 14장으로 「아브라함」이라는 제목이 붙어 있다. 이슬람의 선지자 모세와 아브라함이 본문에 등장한다.

중세 유럽 도시의 풍경을 그린 역사화.

서로마 제국은 게르만 족에게 무너졌지만, 동로마 제국은 계속 번영을 누렸어. 유스티니아누스 황제 때는 예전 로마 제국의 영광에 견줄 정도였지. 한편, 서로마에 세워진 게르만 왕국 가운데 프랑크 왕국이 큰 나라로 성장했어. 두 나라는 서로 경쟁하면서 오늘날 유럽 문화의 바탕을 만들어 갔단다.

유럽 크리스트교 세계의 발전

동로마 제국이 로마 제국의 영광을 이어 가다

앞에서 이야기했듯이 476년 이후에 로마 제국의 서쪽 절반은 게르만 족의 차지가 되었어. 하지만 동로마 제국은 게르만 족이 이동한 길에서 떨어져 있었기 때문에 게르만 족의 침입을 거의 받지 않았단다. 또 동로마 제국은 물산이 풍부한 그리스와 소아시아를 포함하고 있었고, 페르시아 및 당나라와 중개 무역을 하면서 많은 이득을 보았지.

동로마 제국의 번영은 6세기 중반 유스티니아누스 황제 때 절정을 이뤘어. 유스티니아누스는 동쪽으로는 페르시아의 침입을 물리쳤고, 서쪽으로는 옛 서로마 제국의 땅이었던 이탈리아와 시칠리아, 북아프리카를 되찾았어.

그리고 로마 문명의 위대한 유산인 로마법을 정리해서 책으로 냈어. 로마가 남긴 유산 가운데 법률만큼 위대한 것은 없단다. 법이 없으면 힘센 사람 마음대로 세상을 지배하게 되거든. 앞에서 로마가 12표법을 만들었다고 했잖아. 그 뒤로 엄청나게 많은 법이 만들어졌는데, 그 법들을 유스티니아누스가 정리한 거야. 중세 때부터 서양인들은 유스티니아누스가 만든 『로마법 대전』을 연구했고, 로마법을 기초로 해서 각 나라의 법전을 편찬했어.

유스티니아누스는 로마 제국과 크리스트교의 영광을 돋보이게 할 위대한 건축물도 지었어. 대표적인 건축물이 성 소피아 성당이지. 성 소피아 성당은 지진에도 견딜 만큼 튼튼하게 만들어졌고, 건물 가운데에 거대한 돔이 설치되어 있어.

동로마 제국은 6세기와 7세기 크리스트교 세계에서 가장 부유하고 문명이 발달한 나라였어. 서로마 제국을 차지했던 게르만 족도 동로마 제국의 우위를 인정했지. 476년에 서로마 황제를 물러나게 한 오도아케르는 동로마 황제의 지배를 기꺼이 받아들이겠다는 편지를 써 보냈어. 또 메로베우스 왕조를 연 클로비스는 동로마 황제로부터 콘술 칭호를 받았고, 동고트 족의 왕인 테오도리크는 동로마 황제를 대신해 이탈리아의 왕이 되었어.

메로베우스 왕조

5세기 후반 클로비스가 파리를 수도로 삼고 나라를 만든 후에 세운 왕조이다. 메로베우스라는 명칭은 클로비스의 할아버지 이름인 메로베치에서 유래했다.

크리스트교 신자들의 우두머리였던 교황도 동로마 황제를 세계의 주인으로 인정했어. 교황들은 동로마 황제가 여는 종교 회의에 참석했으며, 새로운 교황을 뽑을 때마다 동로마 황제의 동의를 얻었단다. 그리고 동로마 황제의 연호를 이용해 연대를 계산했지.

성 소피아 성당은 로마 시대의 건축 기술에 동방의 예술 기법을 결합한 대표적인 비잔티움 양식 건축물이다. 성당 중앙에 거대한 돔이 있고, 벽면은 화려한 모자이크로 장식되었다.

그런데 유스티니아누스 황제가 죽은 뒤 동로마 제국은 힘을 잃고 말아. 6세기에는 페르시아가, 7세기에는 이슬람 세력이 쳐들어왔지. 동로마 제국은 그리스와 소아시아 지역만 차지한 채 명목을 유지해 갔어.

문화적으로도 새로운 흐름을 맞이했어. 라틴 어가 아닌 그리스 어를 공용어로 채택했고, 동방의 문화가 더욱 강해졌어. 그래서 유스티니아누스 황제 이후의 동로마 제국을 비잔티움 제국이라고 하기도 해. 동로마 제국의 수도 콘스탄티노폴리스의 원래 이름이 그리스 어로 비잔티움이거든.

동로마 제국은 이슬람 세력의 끊임없는 압박에 시달리다 1453년에 오스만 제국에 무너진단다.

유스티니아누스 황제 재위 시절
동로마 제국은 전성기를 이루었다.

서로마 제국이 부활하다

4세기에서 5세기에 수많은 게르만 족이 남쪽으로 내려와 서로마 제국의 여러 지역에 정착했다는 것은 앞에서 이야기했지. 그중 프랑스 북부 지역에 자리 잡은 프랑크 족이 중세 유럽을 이끌어 갈 세력으로 성장해. 5세기 후반 프랑크 족의 우두머리 클로비스는 파리를 수도로 삼고 메로베우스 왕조를 열었어. 그리고 가톨릭으로 종교를 바꾸는데, 로마 인은 클로비스의 선택을 환영하고 적극 도왔지.

그런데 메로베우스 왕조의 후손들이 왕위 다툼을 하는 사이 왕실의 최고 관리인 궁재의 힘이 커졌어. 그중에서 카롤루스 마르텔은 732년에 피레네 산맥을 넘어 쳐들어온 이슬람 군대를 크게 물리쳤어. 사람들은 그를 진정한 영웅이라며 찬양했지.

이 무렵 비잔티움 제국과 서유럽을 갈라놓는 중요한 사건이 일어났단다. 동로마 제국의 황제 레오 3세가 성상 숭배 금지령을 내리고, 로마 교황한테도 따르라고 강요한 거야. 교황은 무지한 게르만 족에게 신앙을 심어 주려면 성인의 조각상이 꼭 필요하다며 레오 3세의 명령을 거부했어.

결국, 교황을 중심으로 한 서로마 교회와 동로마 황제를 중심으로 한 동로마 교회는 1054년에 갈라서고 말아. 그 후 비잔티움 제국은 그리스 정교를, 서유럽 지역은 로마 가톨릭을 믿게 되었지.

종교뿐 아니라 정치에서도 서유럽은 각자의 길을 가게 되었어. 카롤루스 마르텔의 손자였던 카롤루스 왕은 뛰어난 전사였는데, 768년에 왕이 된 뒤 사방으로 정복 활동을 펼쳐 옛 서로마 제국의 영토 대부분을 되찾았어.

신앙심이 두터웠던 카롤루스 왕은 크리스트교를 퍼뜨리는 데에도 힘을 쏟았어. 새로 정복한 땅의 게르만 족에게 크리스트교를 믿도록 하고 곳곳에 교회를 세웠지. 그러다 보니 거의 모든 게르만 족이 크리스트교를 믿게 되었어.

로마 교황은 카롤루스 왕이 크리스트교 세계를 보호해 줄 훌륭한 통치자라고 생각했어. 그래서 800년에 그를 서로마 제국의 황제로 임명했지. 카롤루스가 황제가 되었다는 것은 서유럽이 더는 동로마 황제의 우위를 인정하지 않는다는 뜻이야. 서유럽 사람들은 자신들이 로마 제국의 진정한 후계자라고 생각하게 되었지. 이렇게 해서 카롤루스 왕 시기에 로마의 문화, 프랑크 족의 문화, 크리스트교 문화라는 세 요소가 합쳐져 유럽 문화의 기틀이 마련된단다.

그런데 카롤루스 왕이 죽자 프랑크 왕국은 큰 혼란에 빠지게 돼. 카롤루스 왕의 후계자들이 계속 다툼을 벌였거든. 그럴 때 외적이 쳐들어왔어. 북쪽에서 노르만 족이 쳐들어왔는데, 이들이 바로 바이킹이야. 바이킹은 배가 갈 수 있는 곳이라면 어디든 가서 재물을 빼앗고 자신들의 거주지를 만들었어. 그런가 하면 남쪽에서는 이슬람

카롤루스 왕의 서로마 제국 황제 대관식. 로마 교황은 카롤루스 왕을 서로마 제국의 황제로 임명했다.

세력의 공격이 거세어졌어.

이렇게 안팎으로 큰 혼란이 계속되는 동안 각지에서 힘 있는 기사들이 외적의 침입을 막고 통치자로 성장했어. 이 과정에서 세력이 강한 사람과 약한 사람이 서로 계약을 맺었어. 세력이 더 강한 사람은 주군이 되고, 약한 사람은 주군을 받드는 봉신이 되었지. 이것을 주종 제도라고 한단다.

봉신은 주군에게 받은 땅을 장원 제도를 통해 운영했어. 장원은 봉신이 지배하는 작은 마을이야. 마을의 주인인 영주는 농노를 부려 농사를 짓는 등 마을을 꾸려 가고, 농노는 영주와 계약 관계를 맺고 일을 했지. 주종 제도와 장원 제도를 합쳐서 봉건 제도라고 하는데, 봉건 제도는 지금의 독일을 중심으로 프랑스, 영국 등 유럽 사회 전체로 퍼져 나갔어.

11세기가 되면 이민족의 침입이 수그러들고 장원 제도가 안정돼. 그러자 곡물 생산이 늘어났지. 농민은 쟁기를 개량하고, 삼포제라는 새로운 농사법을 이용하는 등 곡물 생산을 늘리기 위해 노력했어. 그 결과 도시가 생겨나고, 시장이 발달하고, 인구도 늘어났어. 이렇게 유럽이 다시 번영을 누리면서 크리스트교 문화가 꽃피게 된단다. 이제 중세 유럽의 크리스트교 문화를 살펴보자꾸나.

크리스트교가 중세 유럽을 장악하다

교황이 카롤루스 왕을 서로마 제국의 황제로 임명했다고 했으니까, 그럼 교황이 황제보다 더 높을까? 황제를 임명하는 순간 교황은 하느님의 대리자이기 때문에 황제보다 높다고 할 수 있지. 하지만 새로운 황제가 탄생하면 교황도 황제에게 무릎을 꿇고 충성을 맹세했단다. 따라서 실질적으로는 황제가 교황보다 높았어.

10세기 중반 동프랑크 족의 왕 오토가 헝가리 족과 슬라브 족을 물리치고 유럽을 안정시켰어. 그래서 교황은 962년에 오토를 황제에 임명했고, 신성 로마 제국이 탄생했지. 신성 로마 제국의 황제는 로마 제국의 전통에 따라 황제가 정치뿐 아니라 종교의 최고 지도자라면서 교회 일에 끼어들고 교황과 주교를 마음대로 임명했어.

하지만 이때 교황을 도와줄 성직자는 별로 없었어. 오랫동안 전쟁이 이어지면서 많은 성직자가 타락해서 자기 욕심을 채우기에 바빴거든. 그러다 보니 교회를 개혁해야 한다는 목소리가 커졌고, 교황 그레고리우스 7세는 중대한 결정을 내려. 성직자 임명권이 교황에게 있다고 선언한 거야.

신성 로마 제국의 황제 하인리히 4세는 교황의 주장을 받아들이지 않았어. 그러자 그레고리우스 7세는 그를 황제 자리에서 쫓아내 버렸어. 신성 로마 제국의 영주들도 교황 편을 들었지. 불리해진 하인리히 4세는 1077년 추운 겨울날 카노사에 가서 무릎을 꿇고 교황에게 용서를 빌어야 했지. 이 사건을 '카노사의 굴욕'이라고 해. 그 뒤 교황의 힘은 더 강해져 '교황은 태양, 황제는 달'이라는 말까지 나오게 되었어.

카노사의 굴욕. 하인리히 4세는 교황이 있는 카노사로 가서 맨발로 무릎을 꿇고 용서를 빌었다.

그런데 병사도 무기도 없는 교황이 어떻게 군대를 거느린 황제를 굴복시킬 수 있었을까? 그건 당시 유럽 사람이 모두 크리스트교 신자였기 때문이야. 4세기 후반 이후 북쪽에 살던 게르만 족이 남쪽으로 내려와 서로마 제국을 무너뜨리고 약탈할 때 관리, 지식인, 부자들은 동로마 제국으로 이사를 갔어. 오직 크리스트교 성직자들만 남아서 서로마 사람들을 보호하고 위로해 주었단다. 그리고 게르만 족에게 크리스트교를 퍼뜨렸지.

비록 일부 성직자가 타락하고 계속된 외적의 침입으로 교회의 힘이 약해지기는 했어도, 신자들 덕분에 크리스트교 지도자들은 막강한 힘을 펼칠 수 있었어. 그리고 11세기에 외적의 침입이 수그러들고 안정이 찾아오자 사람들은 교황을 더욱 존경하게 되었지. 크리스트교 신자들은 왕이나 황제의 명령을 거부하면 감옥에 가지만, 성직자와 교황의 명령을 거부하면 지옥에 간다고 생각했거든. 교황이 황제를 무릎 꿇릴 수 있었던 것은 중세 유럽 인의 두터운 신앙심 덕분이란다.

교황이 황제한테서 성직자 임명권을 되찾은 후 유럽은 크리스트교 세상이 되었어. 서유럽 사람들은 국적에 상관없이 모두 크리스트교 신자로서 같은 삶을 살았어. 태어나면 세례를 받고, 성당에서 결혼식을 올리고, 주기적으로 죄를 고백하고, 일요일

예루살렘을 점령한 십자군은 보이는 대로 재물을 빼앗고 사람을 죽였다. 200년 동안 이어진 십자군 전쟁은 끝내 실패하고 말았다.

에는 교회에 가고, 성인이 되면 성지 순례를 떠나고, 신부의 기도를 들으며 죽었지. 크리스트교는 유럽을 하나로 묶어 주는 강력한 힘을 발휘했단다.

서유럽에서 교회와 교황의 힘이 커졌을 때, 동쪽에서는 이슬람 세력의 공격이 갈수록 거세졌어. 이슬람 세력의 공격을 받은 동로마 제국의 황제는 교황에게 도움을 요청했어. 교황 우르바누스 2세는 요청을 받아들여 이슬람 세력을 공격하기 위해 십자군 전쟁을 일으켰어. 전쟁에 나간 기사들이 가슴과 어깨에 십자가 표시를 해서 십자군 전쟁이라고 해. 전쟁은 200년이나 이어졌고, 수백만 명의 유럽 인이 전쟁에 나섰어. 하지만 끝내 이슬람 세력의 승리로 막을 내린단다. 유럽 나라들이 이슬람 세력을 이기는 일은 신대륙 발견 이후에나 가능해지지.

십자군 전쟁 연표

1차 1096~1099
2차 1147~1149
3차 1189~1192
4차 1202~1204
5차 1217~1221
6차 1228~1229
7차 1248~1254
8차 1270

우르바누스 2세의 연설

프랑크 인이여! 하느님의 사랑으로 선택 받은 백성이여!

예루살렘과 콘스탄티노폴리스로부터 끔찍한 소식이 전달되었습니다. 하느님을 적대하는 이교도들이 우리 크리스트교도의 지역을 침범하고 있습니다. 이교도들이 우리 동포를 자기 나라로 끌고 가고, 잔인하게 죽이고 있습니다. 또 더러운 손으로 성스러운 제단을 욕되게 하며 파괴하고 있습니다.

비잔티움 제국은 힘을 잃고 너무나 많은 땅을 빼앗겼습니다. 이 사악한 이교도들을 무찌르고 빼앗긴 땅을 되찾을 성스러운 임무를 수행할 사람이 여러분 말고 누가 있겠습니까?

여러분이 살고 있는 이 땅은 너무나 좁습니다. 당신들은 서로 싸우고 있습니다. 이제 당신들끼리 전쟁하는 일을 멈추십시오. 성지로 행진합시다. 그 땅을 더러운 이교도들의 손에서 되찾읍시다. 그곳은 하느님께서 크리스트교 신자들에게 주기로 약속한 곳입니다.

십자군 전쟁을 일으킨 교황 우르바누스 2세는 이슬람으로부터 예루살렘을 비롯한 성지를 되찾아야 한다고 생각했다. 교황은 전쟁에 참여하라고 권할 때 신앙심에만 호소하지 않았다. 당시 유럽이 인구 증가와 토지 부족으로 시달리고 있음을 알고는 비옥한 땅을 되찾자며 세속적인 욕망을 자극했다. 십자군 전쟁에 참여한 많은 병사들은 이런 이익에 더 관심을 가졌을 것이다.

모 둠 전 시 관

유럽의 봉건 제도

프랑크 족의 분열과 노르만 족의 침입으로 유럽 세계는 매우 혼란스러웠어. 곳곳에서 싸움이 벌어져 다른 곳으로 이동하기 어려웠기 때문에 농업 중심의 자급자족 경제가 자리를 잡아 갔지. 변화된 상황에 새로운 사회 질서가 필요해지면서 봉건 제도가 나타났어.

정치적 주종 제도

주종 제도는 세력이 강한 사람이 주군이 되고, 약한 사람이 봉신이 되어 서로 계약을 맺는 관계를 말해. 주군은 봉신이 충성하는 대가로 봉신을 보호해 주고 땅을 주었지. 이렇게 준 땅을 봉토라고 해. 봉토는 장원이라고 하고, 장원을 지배하는 봉신은 영주라고도 하지.

봉신은 봉토를 받은 대가로 주군에게 충성을 바쳐야 했고, 때로는 돈도 바쳤어. 하지만 봉신은 주군의 간섭을 받지 않고 봉토를 마음대로 다스렸지. 봉토에 사는 주민에게 세금도 매기고, 일도 시키고, 재판도 했어. 왕조차 신하의 영토 안에서 이루어지는 일에 끼어들 수 없었어. 이로 인해 왕권이 약해지다가 결국, 왕도 그저 힘 있는 제후 중 한 사람에 지나지 않게 되었단다.

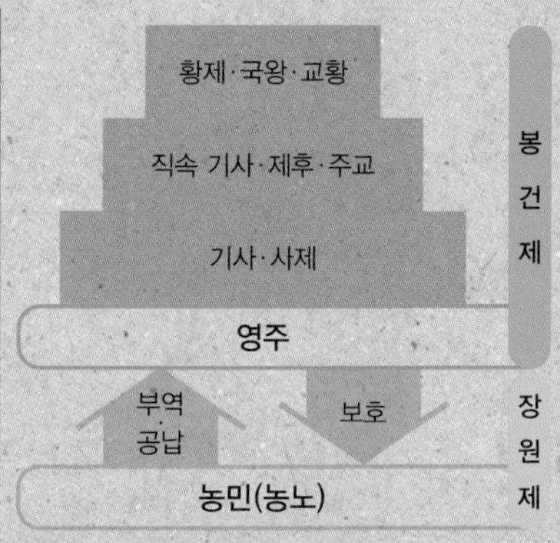

중세의 기사

마상 시합을 하는 기사들이야. 마상 시합은 중세 기사들의 중요한 문화 행사이자 놀이였지. 기사들이 두 줄로 나란히 서서 싸우는 '토너먼트'와 긴 창과 방패를 든 두 기사가 창으로 상대방의 투구나 가슴을 찌르는 '주스트'가 있었어. 시합에서 이긴 기사는 진 기사의 무기나 갑옷, 방패, 말을 빼앗고, 때로는 포로로 잡아 몸값을 챙기기도 했어. 평화로울 때 열리는 마상 시합은 무술을 닦는 기회이기도 했기에 이를 장려하는 국왕도 있었어.

경제적 장원 제도

장원은 대개 하나의 마을로 구성된 자급자족 경제 단위야. 영주의 성과 교회, 농민의 집, 토지, 방앗간, 대장간이 있었지. 경작지는 영주의 땅과 농민 보유지로 나뉘었고, 삼포제로 돌려짓기를 했단다. 영주는 장원에 사는 농민을 농노로 삼고, 땅을 경작하게 해 주는 대신 소작료를 받았어. 농노는 이사도 가지 못하고 영주에게 온갖 공납을 바쳐야 했어. 그렇지만 고대의 노예와는 달리 가족을 이루었고, 영주에게 빌린 땅을 평생 경작할 수도 있었지. 이렇게 장원에서 영주가 농노를 지배하는 것을 장원 제도라고 한단다.

영주의 성

전쟁이 잦았던 중세 시대에는 적으로부터 가족과 재산을 지키기 위해 성을 쌓았어. 성 안에는 영주 가족의 생활 공간뿐 아니라, 방앗간, 대장간, 연회장 등이 있었지. 전쟁 때에는 농노들도 이곳으로 대피했어.

삼포제

비료가 없던 시절 유럽에서는 경작지를 춘경지, 추경지, 휴경지로 나누어 돌아가며 농사를 지었어. 삼포제 농업은 땅의 힘을 좋게 해 생산량을 높이는 데 도움이 되었단다.

방앗간과 제빵소

곡식을 빻거나 빵을 구울 때는 영주의 방앗간과 제빵소를 이용했어. 이용료를 내야 했지.

에티오피아에 있는 악숨 왕국의 오벨리스크.

아프리카와 아메리카 대륙이 알려지기 시작한 것은 대개 15세기 무렵, 유럽 나라들이 새로운 바닷길 개척에 나서면서부터야. 하지만 15세기 이전에도 아프리카와 아메리카 대륙에는 발전된 문명을 자랑하는 나라들이 있었단다. 문명이 발전하는 속도가 더디기는 했지만, 그 수준은 유럽과 아시아 나라들에 뒤지지 않았지. 어떤 나라가 있었는지 함께 알아보자꾸나.

아프리카와 아메리카에 꽃핀 문명

서아프리카 가나 왕국이 황금 교역으로 번영을 누리다

서아프리카는 아프리카 대륙의 서부 지역을 말해. 위에는 사하라 사막이 있고 왼쪽에는 대서양이 있지. 이곳은 오랫동안 사하라 사막에 가로막혀 다른 지역과 교류하기가 어려웠어. 사하라 사막이 워낙 뜨겁고 메말라서 오고 갈 엄두를 못 냈거든.

그러다 보니 사람들은 사하라 사막 근처 초원 지역에서 가축을 기르거나, 나이저강이나 세네갈 강 같은 큰 강 주변에서 농사를 지으며 작은 마을을 이루고 살았단다.

3세기 무렵, 아프리카에 낙타가 들어오면서 북아프리카의 유목민이 사하라 사막을 건너와 소금을 팔고 상아와 금 같은 것을 사 가기 시작했어.

그러다가 8세기쯤 아랍에서 건너온 이슬람 세력이 북아프리카를 거의 차지하고, 사하라 사막을 건너 서아프리카로 밀려왔어. 그러면서 서아프리카와 북아프리카를 가로지르는 교역로가 만들어졌단다. 북아프리카에 살던 유목민은 물론 아라비아 반도에서 넘어온 상인까지 서아프리카를 드나들었어.

이때 교역로의 길목에 있던 가나가 황금 무역으로 번영을 누렸고, 점차 큰 왕국으로 성장했지. 가나 왕국은 오늘날의 모리타니, 말리, 세네갈에 걸쳐 있던 나라인데, 소닌케 족이 4세기쯤에 세웠다고 해.

아프리카의 주요 왕국

원래 이름은 '목동의 땅'이라는 뜻의 '와가두'였대. '가나'는 왕을 가리키는 말이었다는데, 무슬림 상인과 여행가들이 '가나'를 나라 이름처럼 부르면서 가나 왕국으로 알려지게 된 거야.

가나 왕국은 은, 금, 상아, 노예를 팔고, 무슬림 상인한테서는 북아프리카와 아랍, 유럽에서 들여온 소금, 말, 무기, 장신구, 책 같은 것을 사들였어. 당시 무슬림 상인과 여행가들은 가나를 '황금의 나라'라고 했어. 심지어 "가나에서는 금이 홍당무처럼 자란다.", "사람들이 새벽에 금을 캐러 간다."고 기록했을 정도지.

가나 왕국은 무슬림 상인과 직접 교역하기도 했지만, 자기네 땅을 드나드는 교역품에 세금을 매겨 더 많은 돈을 끌어모았어. 처음에 북아프리카의 무슬림 상인들은 사하라 사막을 건너 가나 왕국까지 왔지만, 나중에는 더 아래 남쪽으로 내려가 장사하기도 했거든. 또 가나 왕국 남쪽에 사는 부족들 역시 소금 같은 귀한 물품을 구하려고 직접 북쪽으로 올라가기도 했고 말이야.

그러려면 모두 가나 왕국의 땅을 거쳐야만 했어. 가나 왕국은 상인들에게 통행세를 물리면서 많은 이익을 챙겼지. 한편으로는 교역로 주위에 군대를 배치해 상인들이 안전하게 오갈 수 있도록 보호해 주었어. 이렇게 해서 가나 왕국은 서아프리카에서 가장 부유하고 큰 나라로 성장할 수 있었단다.

가나 왕국은 11세기 초반까지 사하라 무역을 통해 계속 발전해 갔어. 그러다 11세기 중반부터 휘청거리기 시작했지. 먼저 오늘날의 모로코 쪽에서 커 가고 있던 이슬람 왕국이 1076년에 가나 왕국의 교역로를 공격했어. 가나 왕국이 이슬람교를 받아들이지 않았기 때문이었어. 교역로를 공격받으면서 왕국은 힘이 약해질 수밖에 없었지.

그런데 자연환경까지 나빠지기 시작했어. 기후가 더욱 건조해져 가나 왕국의 땅이 점점 사막으로 변했지. 인구는 늘어나는데 농사지을 땅이 부족하니 먹을 것을 비롯한 모든 물가가 치솟았어. 백성의 삶은 고달파지고 나라 살림은 쪼그라들었지.

가나 왕국은 세금을 많이 매겨 나라를 지탱하려 했어. 하지만 세금도 잘 거두어질 리 없었지. 이때를 틈타 1240년, 말리 왕국이 가나 왕국을 공격했어. 가나 왕국은 더는 버티지 못하고 빛나는 영광을 뒤로한 채 역사 속으로 사라지고 말았단다.

그 뒤 서아프리카의 주인공은 말리와 송가이로 이어졌어. 두 나라 모두 이슬람 나라인데, 경제적인 번영과 함께 이슬람 학문이 크게 발전한 나라로 이름을 떨쳤단다.

가나 왕국 사람들은 드넓은 아프리카 초원에서
소를 키우며 살았다.

동아프리카에 스와힐리 문화가 발달하다

서아프리카가 사하라 종단 무역으로 번영을 누렸다면, 동아프리카는 인도양 무역으로 번영을 누렸어. 페르시아와 인도, 동아프리카 여러 나라는 이미 1세기 무렵부터 인도양을 따라 내려온 아라비아와 페르시아 상인들과 교역을 했지.

동아프리카에서 많이 나는 금, 철, 상아, 짐승 가죽, 밀랍 같은 상품은 아라비아와 페르시아 상인들을 통해 인도는 물론 멀리 중국에까지 수출되었어.

이 무렵 동아프리카에 있던 대표적인 나라는 악숨이야. 악숨은 지금의 수단 남쪽과 에티오피아에 있던 나라인데, 솔로몬 왕과 시바 여왕의 후손들이 만든 나라로 알려져 있어. 악숨 사람들은 로마는 물론 바다 건너 인도와도 교역하며 번영을 누렸고, 한때 이집트를 칠 정도로 강했던 쿠시 왕국을 무너뜨릴 만큼 막강한 힘을 자랑했어.

하지만 악숨 왕국은 7세기 무렵부터 약해졌어. 악숨 왕국은 로마 제국 때 크리스트교를 받아들였는데, 이 무렵 이슬람 세력과 부딪히는 일이 잦아졌거든. 악숨 왕국은 이슬람 세력의 공격을 잘 버텼지만, 전쟁이 잦아지면서 다른 나라와 교역이 어려워지자 많은 어려움을 겪게 되었지.

이렇게 악숨 왕국이 힘을 잃는 동안 이슬람교를 받아들인 동아프리카의 다른 도시들은 점차 커졌어. 특히 7세기 이후 아라비아의 무슬림들이 동아프리카에 건너와 동아프리카 해안에 크고 작은 도시를 만들어 정착했어.

이들은 다른 이슬람 나라들과 교역하며 번영을 누렸고, 동아프리카에는 이들 도시를 중심으로 여러 나라가 나타났지. 그중에서도 말린디 왕국과 잔지 왕국을 대표적으로 꼽을 수 있어. 특히 11세기 무렵 등장한 잔지 왕국 사람들은 멀리 인도네시아, 중국과도 활발하게 교역하며 경제적인 번영을 누린 것으로 알려져 있단다.

한편, 동아프리카에 아랍과 인도의 무슬림 상인이 많이 드나들고 정착해 살면서 스와힐리라는 새로운 말과 문화가 나타났어. 스와힐리는 동아프리카의 전통문화에 이슬람과 인도 문화가 어우러져 만들어졌어. 특히 동아프리카에서 인도양 무역이 가장 활발했던 몸바사와 람은 경제적인 번영과 함께 다양한 스와힐리 문화가 꽃을 피운 대표적인 곳이란다.

그러나 잔지 왕국과 동아프리카의 여러 도시는 16세기 무렵부터 인도양에 나타난 포르투갈 등 여러 세력에게 큰 타격을 입으면서 차츰 쇠퇴하고 말아.

동아프리카에는 무슬림과 활발하게 교역을 하는 크고 작은 도시들이 만들어졌다.

아메리카 대륙에 여러 제국이 나타나다

아메리카는 아주 오랫동안 아시아와 유럽 그리고 아프리카와 어떤 교류도 없이 지냈어. 하지만 아메리카 사람들은 나름대로 자신들의 문명을 발전시키고, 결코 다른 지역에 뒤지지 않는 문명을 꽃피웠단다.

그중 가장 대표적인 문명이 기원전 300년쯤 중앙아메리카에 나타난 마야 문명이야. 마야 문명은 그 이전 중앙아메리카에 나타났던 올멕 문명의 영향을 받았지.

마야는 4명의 왕이 다스렸는데, 문제가 생기면 그중 1명을 최고 사령관으로 뽑았어. 마야 사람들은 태양, 달, 별, 비, 바람, 땅의 신들에게 바치는 거대한 신전을 지었고, 신전 주위에 마을을 이루고 살았지. 그러면서 옥수수, 호박, 코코아를 재배하고 꿀벌을 쳤어. 그런데 농사 도구는 그다지 많이 사용하지 않았어. 그나마 돌로 만든 도구뿐이었지.

그리고 마야 사람들은 자신들만의 문자와 숫자, 과학

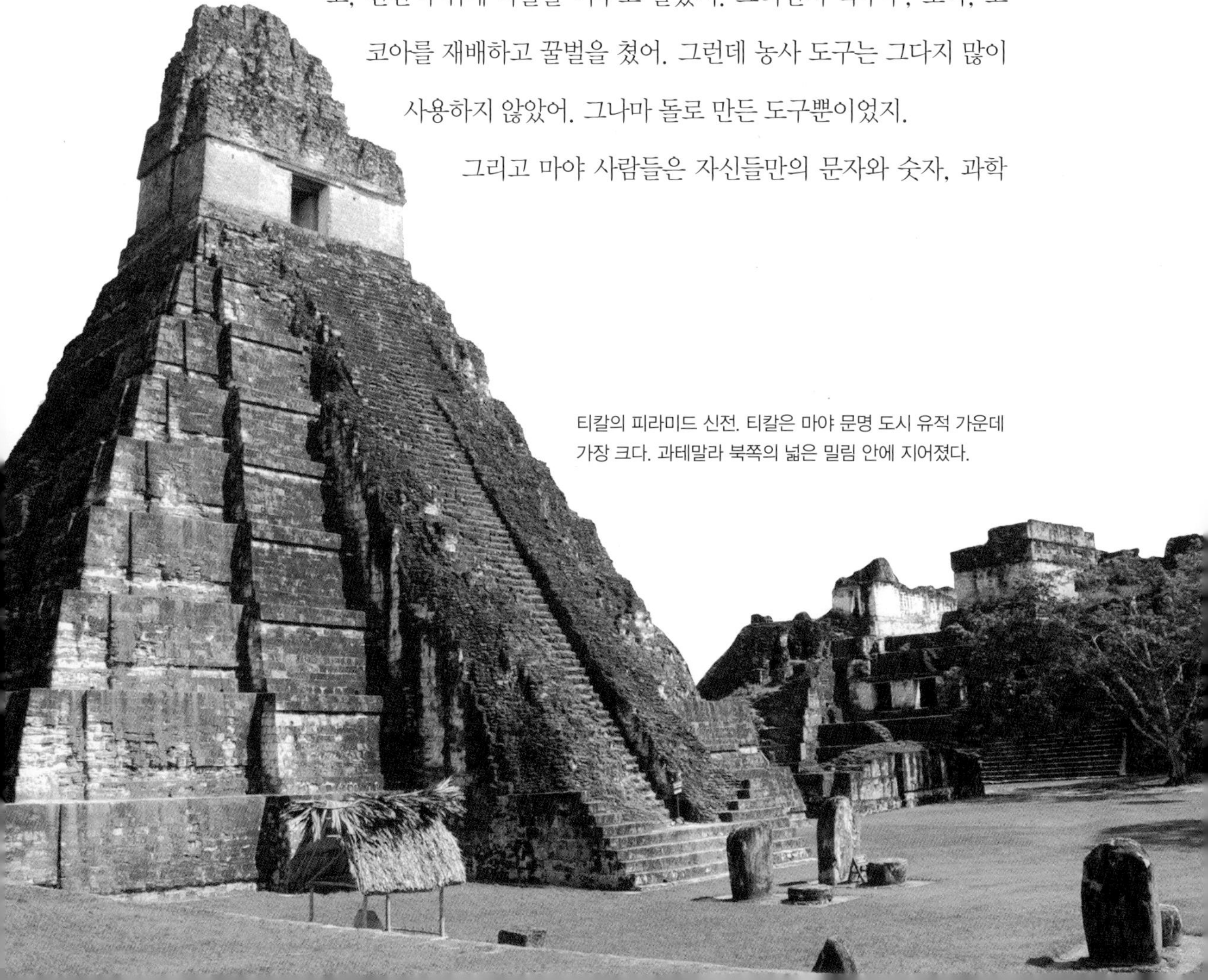

티칼의 피라미드 신전. 티칼은 마야 문명 도시 유적 가운데 가장 크다. 과테말라 북쪽의 넓은 밀림 안에 지어졌다.

적인 달력을 만들어 내고 우수한 농경 문화를 발전시켰어. 마야에서 사용한 달력은 유럽 인들이 자랑하는 율리우스력보다 더 정확했다고 해. 그리고 마야 사람들은 일식과 월식을 예측할 정도로 천문학에 뛰어났단다.

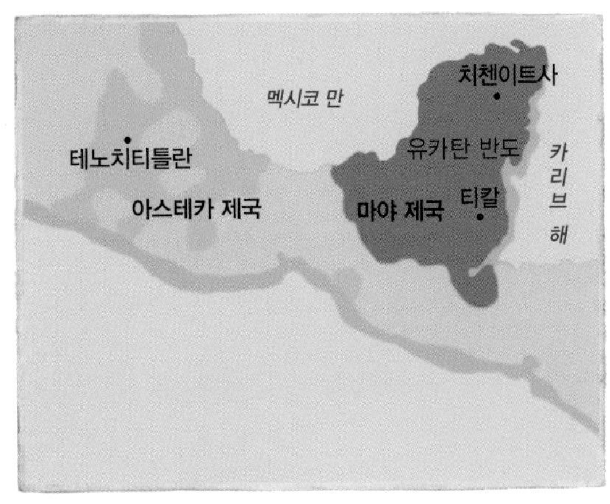

아메리카 초기 문명권 지도

그러던 마야 제국은 10세기 무렵까지 번영을 누리다가 내전과 기후 변화 등으로 도시들이 쓰러지면서 점차 역사 속으로 사라지고 말아. 그리고 마야 제국이 무너질 무렵 아스테카 제국이 새롭게 떠올랐지.

아스테카 제국 사람들은 처음에는 이리저리 옮겨 다니다가, 때때로 몇 년씩 정착 생활을 하며 땅을 일궈 옥수수를 재배하고 주변의 여러 부족과 교역을 하기도 했어.

아스테카 제국의 중심 도시는 테노치티틀란이야. 테노치티틀란은 10만 명이 사는 거대한 도시였지. 아스테카 사람들은 그때 이미 행정, 교육, 의학 체계를 발전시켰는데, 이는 그 당시 유럽에서 가장 앞선 제도에 견줄 만한 우수한 것이었어.

아스테카 제국은 16세기에 쳐들어온 유럽의 포르투갈 탐험대에게 무너지기 전까지 멕시코 북부에서 과테말라의 열대 우림에 이르는 넓은 땅을 다스렸어. 제국의 모든 마을에서 20일장이 열렸는데, 장날이면 사람들은 고무, 멧돌, 코코아콩, 금가루 입힌 독수리 날개까지 온갖 물건을 교환했단다. 이때는 황소나 말, 바퀴 같은 운송 수단이 없었기 때문에, 상인들은 짐꾼을 대규모로 조직해 곳곳을 돌아다녔다고 해.

한편 남아메리카 페루 지역에는 잉카 제국이 있었어. 잉카 제국이 페루 지역을 지배한 것은 13세기 초부터야. 잉카의 전설에 따르면, 잉카 사람들은 안데스 산맥을 따

잉카 사람들은 라마를 키우며 안데스 산맥을 넘나들었다. 잉카 제국의 수도 쿠스코는 해발 3,399미터에 세워졌다.

라 동쪽으로 이동했는데, 스스로 '태양의 아이들'이라고 생각했다는구나. 잉카 제국의 수도는 쿠스코이고, 쿠스코는 '배꼽'이라는 뜻이야. 그러니까 쿠스코가 세상의 중심이라고 생각한 거지.

잉카 사람들은 주변 부족을 정복해 점차 영토를 넓혀 갔어. 처음에는 쿠스코 주변 지역에 불과했던 잉카 제국은 600만 명에 이르는 인구를 지닌 강력한 제국으로 발전했어. 잉카 제국은 주변의 수많은 부족을 하나로 통일할 수 있는 관료 제도를 갖추었어. 특히 잘 정비된 도로망과 금은 세공술은 잉카 인의 자랑이었단다.

황금 왕국 가나의 기록

"이 지방의 모래 속에는 금이 있다. 보물은 남아돌 만큼 흔하다. 상인들은 낙타의 등에 소금을 싣고 와 금과 교환해 간다. 그들은 가나에 도착해서 가져 온 소금을 달아 일정한 무게로 만든 금괴와 교환한다."

– 10세기 에스파냐 여행가 아부 하미드 알안달루시 기록

"가나 왕국의 수도이자 교역의 중심지는 사하라 사막 경계에 있는 쿰비살레다. 수도에만 약 3만 명이 산다. 왕과 신하들이 사는 곳에는 왕궁이 있고, 주변에는 신성한 숲이 있다. 왕은 금목걸이와 금팔찌, 금을 박은 모자를 쓴다. 신하들도 하나같이 화려한 옷을 입고, 금실로 짠 끈으로 머리를 땋는다. 가나 왕국에는 병사가 20만 명이나 되는 군대가 있는데, 그중 4만 명은 활로 무장하였다."

– 11세기 초 아랍 지리학자 알 배크리의 기록

아랍의 이슬람 세력이 8세기 이후 북아프리카를 차지한 뒤, 서아프리카와 교역을 넓히기 시작했다. 그러면서 사하라 사막 종단 교역로가 만들어졌고, 그 길을 따라 많은 무슬림 상인과 학자들이 서아프리카의 가나 왕국을 방문하고 기록을 남겼다. 이들이 남긴 가나 왕국에 관한 기록은 이슬람 세계는 물론 유럽에도 전해졌고, 훗날 유럽 나라들이 황금을 찾아 서아프리카 탐험에 나서는 계기가 되었다.

세계사사전

문명권을 완성한 사람들

굽타 제국의 이상적 군주 사무드라굽타 (?~380)

굽타 제국의 황제로, 탁월한 군사 전략가이자 시인, 음악가이다. 주변 나라를 무너뜨리면서 조공을 받는 대가로 왕위를 인정했으며, 전성기에는 갠지스 강 유역의 거의 모든 지역을 통치했다. 말을 제물로 바치는 제사인 아슈바메다를 부활시키고, 제사 기간 동안 많은 돈을 자선을 위해 베풀었다. 인도 역사에서 가장 유능하고 다양한 재능을 갖춘 왕으로 평가받는다.

비잔티움 제국의 전성기를 이끈 유스티니아누스 (483~565)

비잔티움 제국의 황제로, 옛 서로마 제국의 영토를 대부분 되찾고 국내의 상공업을 크게 발달시켰다. 황후 테오도라의 조언을 많이 따랐고 부하들을 잘 이끌었다. 콘스탄티노폴리스에 성 소피아 성당을 짓고, 로마의 법률을 모두 모아 『로마법 대전』을 편찬했다. 이 법전은 근대법의 뿌리가 되었다.

유스티니아누스와 테오도라

서유럽 문명의 아버지 카롤루스 (742~814)

프랑크 왕국 카롤링거 왕조의 국왕으로, '카를 대제' 또는 '샤를마뉴'라고도 한다. 주변 지역을 무너뜨리고 서유럽 대부분을 하나의 제국으로 통일했다. 크리스트교를 퍼뜨리고, 학교를 세우고 학문을 발전시켜 '카롤링거 르네상스'를 맞이했다. 고대 로마 문화와 크리스트교 문화, 게르만 문화가 조화된 중세 유럽 문화의 기틀을 만들었다.

동아시아 체제를 완성한 당 태종 (598~649)

중국 당나라의 황제로, 아버지 이연과 함께 수나라의 장안을 점령하고 당나라를 세웠다. 주변의 이민족을 물리친 뒤 그들을 처벌하지 않고 자신의 백성으로 받아들였다. 학문과 문화를 발달시켜 중국의 역사를 기록했고, 중앙의 권력을 강화하고 율령 체제를 확립했다. 공정한 정치로 백성의 생활을 안정시켜 '정관의 치'라는 태평성대를 이루었다.

아바스 제국의 위대한 칼리프 하룬 알 라시드 (763?~809)

아바스 제국의 칼리프로, 비잔티움 제국과 전쟁을 치르면서 각지의 반란에 대처하였다. 학문과 예술을 보호하고 학자와 시인을 궁중으로 모아 사라센 문화의 황금시대를 이루었다. 『아라비안나이트』에 많은 일화가 전한다.

역 사 용 어 풀 이

교리(敎理 : 가르칠 교, 이치 리) 종교적인 원리나 이치를 뜻하는 말로, 각 종교에서 참된 이치라고 정한 믿음의 체계를 이른다. (192쪽)

과거(科擧 : 과정 과, 들 거) 우리나라와 중국에서 관리를 뽑을 때 치르던 시험을 일컫는 말로, 과목에 따라 인재를 뽑아 쓴다는 뜻. (194쪽)

운하(運河 : 움직일 운, 강 하) 배가 다니게 하거나 논밭에 물을 대는 등 물을 이용하려고 육지에 파 놓은 물길. (194쪽)

문화권(文化圈 : 글자 문, 될 화, 우리 권) 공통된 특징을 보이는 어떤 문화가 흩어져 있는 범위. (196쪽)

교역(交易 : 주고받을 교, 바꿀 역) 주로 나라와 나라 사이에서 물건을 사고팔며 서로 바꿈. (198쪽)

고유(固有 : 항상 고, 있을 유) 본래부터 가지고 있는 특유한 것. (204쪽)

무슬림(muslim) 이슬람교를 믿는 사람을 일컫는 말로 '(알라에게) 복종하는 자'라는 뜻. (205쪽)

약탈(掠奪 : 노략질할 약, 빼앗을 탈) 힘을 써서 남의 것을 억지로 빼앗음. (213쪽)

편찬(編纂 : 엮을 편, 모을 찬) 여러 가지 자료를 모아 짜임새 있게 정리하여 책을 만듦. (225쪽)

우위(優位 : 뛰어날 우, 자리 위) 남보다 나은 위치나 수준. (226쪽)

장악(掌握 : 손바닥 장, 쥘 악) 손안에 잡아 쥔다는 뜻으로, 무엇을 마음대로 할 수 있게 됨. (230쪽)

개혁(改革 : 고칠 개, 고칠 혁) 제도나 기구 따위를 새롭게 뜯어고침. (230쪽)

대상(隊商 : 무리 대, 장사 상) 사막이나 초원처럼 교통이 발달하지 않은 지방에서, 낙타나 말에 짐을 싣고 떼를 지어 먼 곳으로 다니면서 특산물을 교역하는 상인 집단. (231쪽)

관료(官僚 : 관직 관, 벼슬아치 료) 나랏일을 맡아보는 일을 직업으로 삼은 사람 또는 그런 사람들의 집단. (244쪽)

공통 아시아 유럽・아프리카・아메리카

46억 년 전 무렵
지구가 탄생하다.

700만 년 전 무렵
오스트랄로피테쿠스가 등장하다.

260만 년 전 무렵
손쓰는 사람이 등장하다.

200만 년 전 무렵
곧선 사람이 등장하다.

70만 년 전 무렵
구석기 문화가 시작되다.

20만 년 전 무렵
슬기 사람이 등장하다.

3만 5천 년 전 무렵
슬기슬기 사람이 등장하다.

기원전 8000년 무렵
메소포타미아 지역과 중국 양쯔 강 유역에서 농사를 짓고 가축을 기르며 신석기 문화가 시작되다.

기원전 6000년 무렵
티그리스 강과 유프라테스 강 유역에서 메소포타미아 문명이 시작되다.

기원전 6000년

기원전 321년
찬드라굽타 마우리아가 북인도를 통일하고 마우리아 제국을 세우다.

기원전 264년
로마와 카르타고 사이에 포에니 전쟁이 일어나다(~기원전 146년).

기원전 221년
진(秦)의 시황제가 중국을 통일하다.

기원전 210년
몽골 고원의 묵특 선우가 흉노 제국을 세우다.

기원전 202년
한의 유방이 항우를 물리치고 중국을 통일하다.

기원전 200년

기원전 139년
한 무제가 장건을 대월지에 보내 비단길을 개척하다.

기원전 90년
한의 사마천이 『사기』를 완성하다.

기원전 27년
로마의 옥타비아누스가 아우구스투스 칭호를 받고 실질적인 황제가 되다.

기원전 / 기원후

78년
인도 서북부에 쿠샨 제국이 서다.

220년
한나라가 무너지고 위촉오 삼국 시대가 시작되다.

226년
사산조 페르시아가 파르티아를 정복하고 일어나다.

304년
중국에서 5호 16국 시대가 시작되다.

313년
로마 제국의 콘스탄티누스 황제가 크리스트교를 공인하다.

320년
인도에 굽타 제국이 서다.

392년
로마 제국의 테오도시우스 황제가 크리스트교를 국교로 삼다.

400년
서부 아프리카에 가나 왕국이 서다.

476년
서로마 제국이 게르만 족의 오도아케르에 무너지다.

486년
프랑크 족의 클로비스 1세가 프랑크 왕국을 세우다.

500년

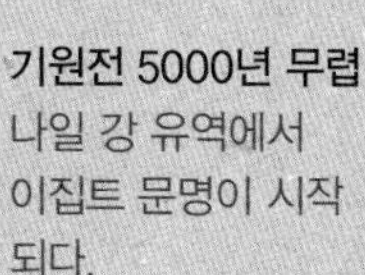

기원전 5000년 무렵
나일 강 유역에서 이집트 문명이 시작되다.

기원전 5000년 무렵
황허 강 유역에서 황허 문명이 시작되다.

기원전 3000년 무렵
인더스 강 유역에서 인더스 문명이 시작되다.

기원전 1780년
바빌로니아 제국이 메소포타미아를 통일하고, 함무라비 왕이 함무라비 법전을 만들다.

기원전 1700년
아프리카의 수단 지역에서 쿠시 왕국이 서다.

기원전 1600년
중국에서 탕왕이 상나라를 세우다.

기원전 1046년
중국에서 무왕이 상을 정복하고 주나라를 세우다.

기원전 1000년 무렵
아리아 인이 갠지스 강 유역 곳곳에 나라를 세우다.

기원전 1000년

기원전 770년
중국에서 춘추 시대가 시작되다.

기원전 753년
이탈리아 반도에서 로물루스가 로마를 세우다.

기원전 671년
아시리아 제국이 이집트를 공격하고 오리엔트를 통일하다.

기원전 612년
신바빌로니아 제국이 아시리아를 정복하다.

기원전 525년
아케메네스 페르시아가 오리엔트를 통일하다.

기원전 509년
로마에서 공화정이 시작되다.

기원전 453년
중국에서 전국 시대가 시작되다.

기원전 400년
인도에서 마가다 왕국이 갠지스 강 유역을 통일하다.

기원전 334년
알렉산드로스가 동방 원정을 시작하다(~기원전 324년).

534년
비잔티움 제국의 유스티니아누스 황제가 『로마법 대전』을 만들다.

589년
수나라가 중국을 통일하다.

618년
이연이 수나라를 멸망시키고 당나라를 세우다.

622년
무함마드가 메카에서 메디나로 옮기다(헤지라).

661년
이슬람 제국에 우마이야 왕조가 서다.

750년
이슬람 제국에 우마이야 왕조가 무너지고 아바스 왕조가 일어나다.

907년
당나라가 무너지고 5호 10국 시대가 시작되다.

960년
조광윤이 송나라를 세워 중국을 통일하다.

962년
독일에 신성 로마 제국이 서다.

1077년
신성 로마 제국의 황제가 카노사에서 교황에게 용서를 빌다(카노사의 굴욕).

1096년
십자군 원정이 시작되다(~1270년).

1200년 무렵
남아메리카에서 잉카 제국이 일어나다.

[2권에 계속]

찾 아 보 기

사진 출처

Wikimedia Commons public domain

19쪽: 루시 Jacopo Werther 🅭🅯🄎

25쪽: 빌렌도르프의 비너스 AlMare 🅭🅯🄎

51쪽: 길가메시 조각상 Zayzayem 🅭🅯🄎

59쪽: 쿠푸 왕의 대피라미드 Daaaveee 🅭🅯🄎

60쪽: 로제타석 Hans Hillewaert 🅭🅯🄎

68쪽: 모헨조다로 유적지 Grjatoi 🅭🅯🄎

82쪽: 갑골 문자 BabelStone 🅭🅯🄎

117쪽: 스키타이의 동전 Uploadalt 🅭🅯🄎

165쪽: 마우리아 제국의 동전 PHGCOM 🅭🅯🄎

205쪽: 마두라이의 힌두 사원 Jorge Royan 🅭🅯🄎

209쪽: 보로부두르 불교 사원 Heaven's Army 🅭🅯🄎

223쪽: 쿠란 Tropenmuseum 🅭🅯🄎

국립중앙박물관, 국립춘천박물관, 셔터스톡(shutterstock), 시몽포토에이전시, 연합뉴스(HELLO PHOTO),
위키 공용(Wikimedia Commons), ㈜유로크레온, ㈜토픽이미지

* 이 책에 사용한 사진 일부는 Wikimedia Commons public domain에 있습니다.
  위쪽에 사용한 사진의 원저작자를 표시했습니다.
* 허가를 받지 못한 일부 사진은 저작권자가 확인되는 대로 게재 허락을 받고 사용료를 지불하겠습니다.

* 맞춤법과 띄어쓰기는 국립국어원에서 펴낸 『표준국어대사전』을 기준으로 삼았습니다.
  또한 역사 용어와 띄어쓰기는 교육인적자원부가 펴낸 『교과서편수자료』를 기준으로 삼았습니다.
* 외국인 인명과 지명은 국립국어원의 『외래어 표기 용례집』을 따라 표기했습니다. 단, 『외래어 표기 용례집』에 나오지 않는 인명과 지명은 현지음에 가깝게 적었습니다. 또 중국 인명은 신해혁명(1910년)을 기점으로 한자음과 현지음으로 나누었고, 중국 지명 가운데 현재 남아 있는 지명은 현지음, 없어진 지명은 한자음을 따랐습니다.